华章经典·金融投资

# 比尔·米勒投资之道

THE MAN WHO BEATS THE S&P

Investing with Bill Miller

[美] 珍妮特·洛(Janet Lowe)著  王冠亚 译

## 图书在版编目（CIP）数据

比尔·米勒投资之道 /（美）珍妮特·洛（Janet Lowe）著；王冠亚译. -- 北京：机械工业出版社，2021.6（2025.3 重印）
（华章经典·金融投资）
书名原文：The Man Who Beats the S&P：Investing with Bill Miller
ISBN 978-7-111-68207-3

I. ①比… II. ①珍… ②王… III. ①股票投资－基本知识 IV. ①F830.91

中国版本图书馆 CIP 数据核字（2021）第 097033 号

本书版权登记号：图字 01-2021-1368

Janet Lowe. The Man Who Beats the S&P：Investing with Bill Miller.
ISBN 978-0-471-05490-0

Copyright © 2002 by Janet Lowe. All rights reserved.

This translation published under license. Authorized translation from the English language edition, Published by John Wiley & Sons. Simplified Chinese translation copyright © 2021 by China Machine Press.

No part of this book may be reproduced or transmitted in any form or by any means, electronic or mechanical, including photocopying, recording or any information storage and retrieval system,without permission, in writing, from the publisher. Copies of this book sold without a Wiley sticker on the cover are unauthorized and illegal.

All rights reserved.

本书中文简体字版由 John Wiley & Sons 公司授权机械工业出版社在全球独家出版发行。
未经出版者书面许可，不得以任何方式抄袭、复制或节录本书中的任何部分。
本书封底贴有 John Wiley & Sons 公司防伪标签，无标签者不得销售。

## 比尔·米勒投资之道

| | |
|---|---|
| 出版发行： | 机械工业出版社（北京市西城区百万庄大街 22 号　邮政编码：100037） |
| 责任编辑： | 顾　煦　李　昭 |
| 责任校对： | 殷　虹 |
| 印　　刷： | 北京虎彩文化传播有限公司 |
| 版　　次： | 2025 年 3 月第 1 版第 4 次印刷 |
| 开　　本： | 147mm×210mm　1/32 |
| 印　　张： | 10.75 |
| 书　　号： | ISBN 978-7-111-68207-3 |
| 定　　价： | 80.00 元 |

客服电话：（010）88361066　68326294

版权所有·侵权必究
封底无防伪标均为盗版

谨以此书献给那些在2001年9月11日恐怖分子袭击纽约世贸中心和美国五角大楼的事件中遇袭身亡的男人、女人和孩子，献给所有立即重返工作岗位竭尽所能挽救生命、帮助遇难者家属以及致力于重建一个更好、更强大的国家的美国民众。

# 目 录

译者序
前　言

**第1章　比尔·米勒：新经济价值投资的核心人物** / 1
　　智力竞赛 / 4
　　遭遇调整 / 6
　　"我曾经是白雪公主，但如今我已不再清白。" / 7
　　价值投资已死，抑或是过时了？ / 9
　　经验丰富的重击手 / 10
　　成长 VS. 价值 / 11
　　米勒对价值的定义 / 13
　　与潮流背道而驰 / 15
　　像全明星一样行事 / 18
　　米勒的投资教练 / 20
　　获胜的"梦之队" / 23
　　现场报道 / 25

投资的智力游戏 / 28
标准普尔的隐藏地图 / 30
回归传统策略 / 32
大肆出逃 / 33
成也科技，败也科技 / 34
机会信托基金 / 35
大师精选权益基金 / 36
让开，摇滚明星们 / 38

第2章　米勒的思维方式 / 41

显微镜下的经济学 / 42
实用主义的背景 / 44
物理学的介入 / 46
确定性的丧失 / 48
股票市场里的"蜂群" / 50
一个具有实用价值的概念 / 52
平行的世界 / 54
收益递增还是收益递减 / 55
成本优势 / 57
先发优势 / 58
网络效应 / 59
用户习惯养成 / 60
锁定用户 / 61
立于危墙之下 / 62
无解之题——顺其自然 / 64
另一个方面 / 64
错误假设的危险 / 66

理论并非现实生活 / 67
"那里拥挤不堪，以后再也没有人去了。" / 68
圣塔菲风格的经济学 / 70

## 第3章　估值的艺术 / 71

与价值相结合 / 73
本杰明·格雷厄姆——价值投资的开山鼻祖 / 75
轻启一扇窗，开眼看世界 / 78
回顾过往 / 79
难以捉摸的营收数据 / 81
约翰·伯尔·威廉姆斯 / 84
贴现 / 87
展望未来 / 89
价值与经济 / 91
滴水不漏 / 93
多因子估值法 / 94
数学分析并非投资"圣杯" / 96
风险评估 / 97
更深层的现实 / 100

## 第4章　投资组合管理 / 101

计算概率 / 103
解构标准普尔500指数 / 104
定义米勒风格 / 106
关注价值 / 107
注重集中持股 / 108
注重低换手率 / 109

资本回报的作用 / 111

卖出的标准 / 112

偏离传统 / 114

资产配置 / 115

对周期性股票的厌恶 / 116

业绩评价 / 118

报告期的回报 / 119

现实的回报预期 / 120

保持尽可能多的股票资产 / 121

没有"业绩焦虑症" / 122

固定收益证券 / 123

少数大赢家? / 124

成功的危险 / 124

## 第5章 新经济估值 / 127

新科技,新会计 / 129

米勒大显身手 / 130

进入科技时代 / 132

谁是游戏玩家 / 133

雾件 / 134

古老的真理 / 136

五种新兴力量 / 139

估值 / 141

安进 / 145

亚马逊 / 146

新零售:亚马逊和戴尔 / 149

戴尔 VS. 捷威 / 155

美国在线 - 时代华纳 / 157

纳克斯泰尔 / 161

赛门铁克 / 162

微软 / 163

科技股的坍圮 / 164

潮起潮落 / 167

高科技已经被打入地狱了吗 / 170

## 第6章　高科技行业监管 / 173

自定规则的游戏 / 175

短打时刻 / 175

电报、电话与互联网 / 176

纽扣与线 / 177

不伤害，不违规 / 179

## 第7章　旧经济估值 / 181

旧经济与新经济的企业 / 183

回归传统估值 / 184

一段痛苦的经历 / 189

一条熟悉的路径 / 190

估值 / 191

华盛顿互助银行 / 192

废物管理公司 / 193

错误分析 / 197

伊士曼柯达 / 198

玩具反斗城 / 200

艾伯森 / 201

　　　　走自己的路 / 202

**结　语** / 205

　　　　何时进场才是关键 / 207
　　　　三振出局 / 207
　　　　打怪升级 / 208
　　　　想获得成长吗，关注价值吧 / 209
　　　　审视投资标准 / 211
　　　　比尔·米勒的投资原则 / 212
　　　　过于理想的原则 / 216
　　　　信息时代 / 216
　　　　"9·11"——改变世界的那一天 / 217

**附录A　美盛价值信托基金持仓明细** / 221

**附录B　比尔·米勒和美盛共同基金年表** / 231

**附录C　有关网址** / 235

**附录D　图表** / 237

**注释** / 290

**术语表** / 309

**推荐阅读** / 316

|译者序|

# 40年，战胜标准普尔

与享誉全球、家喻户晓的"股神"沃伦·巴菲特相比，比尔·米勒的名气似乎要逊色许多。但在投资界，提起比尔·米勒的大名，却无人不知、无人不晓。比尔·米勒曾经创造了一个投资界空前绝后的"神话"——连续15年跑赢标准普尔（简称"标普"）500指数。

1991～2005年，比尔·米勒管理的美盛价值信托基金（Legg Mason Value Trust）取得了980.45%的总回报，年复合回报率约为16.44%，且任意一年投资回报均高于同期标普500指数。在此期间，标普500指数上涨513.59%，年复合回报率约为11.53%。

在此之前，战胜指数的最高纪录是由另一位投资大神——彼得·林奇创造的，他曾经取得了连续8年战胜标普500指数的辉煌战绩。而比尔·米勒连胜指数的时间几乎是彼得·林奇的2倍。正是由于比尔·米勒的出色表现，他管理的美盛价值信托基金的规模从1990年的7.5亿美元一路增长至2006年的200亿美元。

2008年金融危机期间，米勒逆势押注，基金净值遭遇腰斩。本以为他会就此退出江湖，但他很快东山再起，创办了自己的基金。凭借对金融市场及创新商业模式的超前研判，近年来他的基金再次位列前1%的位置，近一年更是斩获超过200%的回报。

天才的背后，是无与伦比的寂寞。在如此骄人的投资战绩背后，是米勒付出的超乎常人想象的努力。米勒是个不折不扣的工作狂，他每周工作7天，心无旁骛，专注投资。除了读书和工作，米勒几乎没有什么其他爱好。有时在观看体育赛事的中场休息时段，他甚至还在阅读企业的研究报告。专注、勤奋、聪明，浇铸了米勒辉煌的投资成就，也让他跻身美国共同基金"三剑客"之列。

比尔·米勒的投资原则包括：

- 随着环境的变化，不断调整投资策略，但始终坚持价值导向；
- 对于业绩比较基准——标普500指数，取其精华，去其糟粕；
- 观察经济和股市，但不要预测；
- 寻找商业模式优越、资本回报率高的公司；
- 利用心理驱动的思维错误，而不是成为其牺牲品；
- 以相对于企业内在价值大打折扣的价格买入企业；
- 以最低的平均成本取胜；
- 构建一个包含15~50家企业的投资组合；

- 最大化投资组合的预期回报，而不是选股的正确率；
- 卖出股票的三种情况：①公司股价达到合理估值水平（但估值会随时间变化）；②发现了更好的股票；③公司基本面发生了变化。

## 关于投资策略

与芒格的"多元思维模型"类似，米勒拥有实用主义思维及多学科交叉的思维模型，因此在选择投资品种时，米勒往往能够打破成规、不拘一格，将视野放到更广阔的产业之中。在米勒看来，科技企业和传统企业之间并没有严格的界限，这也是他独具慧眼将一众互联网明星企业纳入囊中的重要原因之一。

在投资界，米勒最早提出了"亚马逊的市值一定能超过沃尔玛"这一论断。如今，亚马逊的市值已经高达1.58万亿美元，而沃尔玛的市值只有4190.46亿美元，米勒的论断早已被事实证明。然而，回首世纪之交的2000年，当时亚马逊的营业收入只有区区27.6亿美元，沃尔玛的营业收入则超过1650亿美元。在这种悬殊的对比之下，米勒能够对未来做出准确的预判，不得不让人佩服他的远见卓识。

## 关于指数持仓

米勒曾问过自己，作为业绩比较基准的标普500指数为什么能战胜95%的基金经理？一个很重要的原因是，标普指数的成分股是处于动态调整中的,标普指数会把不符合标准的股票剔除,然后用新的股票填补空缺。"铁打的营盘,流水的兵",能做到百年基业长青的企业少之又少,但指数可以永远只选择符合标准的股票,这样一来,指数就具有了永久的生命力。

米勒发现,指数的成分股遵循着"强者恒强"的铁律。也就是说,只有当一家公司变弱时,它才可能被指数剔除;当一家公司越来越强时,它就会被指数保留。标普500指数不会因为微软越来越强大而缩减它的比重,指数的策略是"让赢家持续奔跑"。由此,米勒得出结论:为了达到所谓的"平衡"而频繁调整股票持仓构成的做法是错误的。

## 关于宏观预测

米勒认为,股市是由无数个体和组织构成的,当它们发生各种复杂的互动时,就会产生大量不可预测的行为。宏观经济与市场波动之间不存在简单的对应关系或因果关系,因此预测是徒劳无益的。

## 关于选股标准

米勒衡量理想公司的标准有:①具有持久的竞争优势;②具有以股东利益为导向的管理层;③拥有充分的市场占有率;④具有先进的商业模式及较高的资本回报率。此外,相比于公司短期的会计数据,米勒更关注公司的长期财务状况。

关于财务指标，米勒看重净资产收益率（ROE），因为 ROE 反映了一家企业利用股东权益获利的能力，可以作为评价企业管理水平的主要标准；他也看重投入资本回报率（ROIC），因为 ROIC 剔除了财务杠杆的影响，同时考虑了有息负债的成本，更能反映出企业真实的获利能力。

## 关于心理误区

米勒认为常见的心理误区包括：过度自信、过度反应、损失厌恶、心理账户、盲目从众，等等。我们每个人或多或少都碰到过这些误区，如将股票估值修复带来的上涨归功于自己的英明神武，对市场上的一点点风吹草动表现出过度的乐观或悲观，执着于自己的持仓成本而选择性地忽视股票的内在价值……

米勒认为，要善于利用心理驱动的思维错误，而不是成为其牺牲品。

## 关于企业估值

米勒在评估一家企业的价值时，一般会考虑多种方法（比如市盈率、市净率、现金流折现、私人市场价值等）和多种场景（乐观假设、中性假设或悲观假设），并在审慎评估内在价值的基础上，对照市场价值再做出相应的投资决策——在低估时买入，在高估时卖出，在估值正常时持有。

米勒在估值时最看重的指标是公司的自由现金流。在这一点上，米勒与巴菲特的看法完全一致，他们都遵循着约翰·伯尔·威廉姆斯的估值逻辑：任何股票、债券或公司当下的价值，都取决于在可以预期的资产存续期内以合适的利率进行贴现的现金流。具体到投资实践中，巴菲特更看重（当下的）价值，米勒更看重（未来的）成长。

## 关于逆向投资

米勒在交易时会采取"慢慢吃进"的策略。当前期买入的股票价格下跌时，他会继续买入更多，这样成本会逐渐降低到一个低估区间，结果往往会获得比较好的收益。比如，米勒在一开始买入垃圾管理公司时，就碰到该公司股价下跌约75%。然而到2001年11月，他在这只股票上赚到了大约18%的收益，同期标普500指数却下跌了9%。

米勒是一位不折不扣的逆向投资者。他曾经坦言，自己不愿意加码买进的唯一价格就是零。当然，米勒敢于"越跌越买"的底气，源于他对自己的持仓分析的高度自信。

## 关于集中投资

米勒的持仓非常集中。比如，2005年，米勒管理的基金规模虽然超过110亿美元，但仅仅持有36只股票，前十大重仓股所占的比重超过50%。而市场上同类型的可比基金平均持有265只股票，前十大重仓股所占的平均比重约为22%。集中持股意味着市值的波动可能更为剧烈，但同时也意味着更高的回报。

## 关于概率思维

米勒关于投资输赢的概率思维与众不同。20世纪90年代初，米勒曾与同为基金经理的克里斯托弗·戴维斯（戴维斯家族第三代）讨论过投资策略，戴维斯说他的投资目标是：做对的次数超过犯错的次数。米勒对此并不认同，他认为，真正有意义的是你做对的时候能赚多少。如果10次中错了9次，但只要第10次上涨得足够高，就够了。

这里提醒大家注意一点，米勒此处所说的是并列关系，而不是先后关系。如果是先后关系，100万美元经历9次90%的下跌，那么即使上涨20倍，价值也接近于零；如果是并列关系，100万美元平均投给10只股票，其中9只下跌90%，1只上涨20倍，那么最终回报率就是109%。米勒的上述思路与彼得·林奇提出的"十倍股"(ten bagger)概念有异曲同工之妙。

米勒的概率思维在他的投资组合里体现得淋漓尽致。据统计，在1998~2002年短短4年间，米勒管理的价值信托基金有10只股票的跌幅超过75%，其中包括安然和世界通信等破产的公司。然而，米勒在1996年以2000万美元投资了戴尔，其持仓市值在20世纪末增长至10亿美元。极少数大幅获利的股票最终弥补了大量投资失误造成的损失。从某种程度上讲，米勒的风格和做法更接近于风投。

## 关于卖出原则

米勒认为应该卖出股票的三种情况是：①公司股价达到合理估值水平；②发现了更好的股票；③公司基本面发生了变化。

在我看来，卖出股票的三种情况恰好对应了三种现实：①公司股价达到合理估值水平，意味着不再是好价格；②发现了更好的股票，意味着从机会成本的角度出发，出现了性价比更高的投资机会；③公司基本面发生了变化，意味着不再是好公司。一言以蔽之，投资是相对选择的训练。

业界通行的看法是，价值投资的四大基石分别为：股票是企业所有权的一部分；理性看待市场波动；留有安全边际；坚守"能力圈"。行文至此，关于米勒究竟是不是价值投资者，相信读者心中会有自己的答案。

巴菲特和米勒都是价值投资者，他们的思想都闪耀着理性和智慧的光芒。不同之处在于，巴菲特投资的大多是吉列、可口可乐、华盛顿邮报⊖（The Washington Post）等传统行业的公司，其投资回报的特点是"高概率+低赔率"；而米勒投资的大多是微软、亚马逊、戴尔等代表新经济的科技公司，其投资回报的特点是"低概率+高赔率"。

值得一提的是，2006年以后，米勒似乎风光不再。特别是在2007～2008年全球金融危机期间，米勒坚持逆势买入房地

---

⊖ 华盛顿邮报公司于2013年更名为格雷厄姆控股公司。——译者注

美（Freddie Mac）、贝尔斯登（Bear Stearns）、美林证券（Merrill Lynch）、花旗集团（Citigroup）、美国国际集团（AIG）、华盛顿互助银行（Washington Mutual）等股票，最终折戟沉沙。

自2008年遭遇投资上的重大失利以后，米勒似乎渐渐淡出了公众的视野，但他的投资生涯并没有就此谢幕。根据晨星公司的资料，截至2009年底，米勒管理的价值信托基金年复合回报率达到了43%，超过了93%同类基金的表现，同期标普500指数的涨幅为25%。2012年，米勒卸任了价值信托基金投资经理一职；2016年，米勒从服务了35年之久的美盛基金管理公司离职，创办了米勒价值合伙公司（Miller Value Partners）。此外，米勒还管理着两只小型基金——米勒机会信托基金（Miller Opportunity Trust）和米勒收益基金（Miller Income Fund）。

据公开报道，2016年6月～2017年6月，米勒机会信托基金斩获了49%的回报，在同类基金中高居榜首。2017年上半年，该基金的回报率约为20%，差不多是同期标普500指数的2倍。米勒价值合伙公司的表现也同样不俗，其2019年的费后净回报率高达119.5%，远远超过同期标普500指数的28.8%。种种迹象表明，米勒"宝刀未老"，曾经的投资大神又回来了！

米勒出生于1950年，在历经无上的荣光与艰难的暗夜之后，他仍然活跃在投资第一线，并再次取得骄人业绩。特别是在2020年全球新冠肺炎疫情暴发的至暗时刻，他逆势而上，交出了一份非常靓丽的成绩单。

《巴伦》周刊公开报道："截至2021年3月31日，比尔·米勒主理的米勒机会信托基金在晨星公司的一、三、五、十年的中盘股混合类别中，回报率排名前1%。从新冠肺炎疫情引发市场低点的2020年3月23日到2021年3月31日，该基金的回报率为201.7%，而同期标普500指数为78.5%。"

　　米勒的投资成功，主要源于他对比特币和亚马逊的精准押注。关于比特币，尽管投资界存在不少争议，但米勒这种对新经济、新事物孜孜不倦的探索精神，延续了他一贯的投资风格，非常值得投资者学习借鉴；关于亚马逊，米勒的持仓占他个人投资组合的83%，而且他持有亚马逊已经超过了20年，是不折不扣的"集中投资"和"长期主义"。尽管随着亚马逊的巨幅成长，米勒早就获得了不菲的投资回报，但他认为当前的亚马逊仍然"不贵"，将来还会有更广阔的成长空间。

　　米勒没有像林奇那样，在人生的高光时刻急流勇退，而是选择了一战到底。正如米勒的朋友戴维斯所说："如果米勒有退休隐居的想法，他就不是米勒了。金钱固然重要，但创造纪录要有意义得多。他想的只是获胜。"

　　从1981年到2021年，已经整整40年。也许对于米勒而言，投资永远在路上，没有完成时，只有进行时。

王冠亚

武汉樱顶天熠投资管理有限公司总经理

2021年5月

## 前 言

比尔·米勒看起来似乎不太可能成为投资界的超级明星。与乔治·索罗斯不同，米勒不会进行影响整个政局的戏剧性和高风险投资。与彼得·林奇不同，米勒并没有为一家把他立为营销标杆的大型金融公司工作。与沃伦·巴菲特不同，米勒生性不善于展现自我。米勒身材高大，有些谢顶，相貌平平，平时擅长冥想，说话轻声细语。如果不是拥有修长的身材和文雅的举止，在人群里你可能根本不会注意到他。尽管米勒缺乏一些同龄人的戏剧天赋，但他还是吸引了大量拥趸。理由很充分——截至2001年，他的投资纪录是共同基金行业中公认最出色的。

本书讲述了一个人通过四处求知而成为投资冠军的故事——这种追求带来了令人惊叹的独立投资决策。米勒博览群书，参加新时代的科学研讨会，并寻找他能找到的最佳理念。米勒是一个数字专家，他会直截了当地告诉你，单靠数字是远远不够的。美盛集团（Legg Mason，简称美盛）共同基金部门的成员莉萨·拉普阿诺（Lisa Rapuano）提醒说，把米勒的投资技能描述为简单易懂是毫无意义的，因为它们并不简单。不过，它们是可以理解的。如果投资者愿意做出脑力上的投入，就会发现它们是有迹可循的。

通过阅读本书，你能成为另一个比尔·米勒吗？不太可能。有些人总是能跑赢市场，但很少有人能通过模仿他们来获得同样的投资表现。米勒说："他们的技能是不可以教的，因为这不是运算规则。"[1]这是典型的米勒说的话——他说的话经常让人如坠云里雾里。

在读本书的时候，你应该对下列事项牢记于心。作为美盛共同基金部门的负责人，米勒主导和参与了若干基金的管理。然而，本书的大部分重点都在他的旗舰产品（也就是让他出名的那只基金）美盛价值信托基金上。正是这只基金创下了前所未有的业绩纪录。尽管如此，本书列举的投资决策案例，其中一些涉及的股票是特殊投资信托基金（Special Investment Trust Fund）或机会信托基金（Opportunity Trust Fund）购买的。还有一些案例来自总体回报信托基金（Total Return Trust），它在被并入美国领先公司基金（America's Leading Companies Fund）后就不复存在了。在说明一些特殊的要点时，我们会在文中提及这些基金。

坊间一直在猜测，米勒可能会独立拓展业务，成立自己的公司，或者跳槽到一家比美盛更大的公司。米勒说，这是不可能的。

他为什么要离开美盛呢？还有哪个老板会给予这么多包容呢？"在他们失去耐心之前，我还可以在这里工作一段时间。"他开玩笑说。²

　　本书充满了思想、概念和原则，也包含了大量的数字。为了让阅读更容易，我加入了一些图表来概括一些公司的基本财务信息，这些公司对价值信托基金的表现起到了至关重要的作用。这些图表详见本书后面的附录 D。因为我经常使用读者可能不熟悉的术语或短语，所以在书的后面有一个术语表。敬请读者自主查阅。

　　本书的问世要感谢许多人做出的宝贵贡献。奥斯汀·莱纳斯（Austin Lynas）在创建和研究图表方面提供了宝贵的帮助。阿瑟·Q.约翰逊（Arthur Q. Johnson）慷慨地分享了他的智慧和知识。爱丽丝·弗里德·马特尔（Alice Fried Martell）一如既往，一直是我理想的文字助理。琼·欧奈尔（Joan O' Neil），德布拉·昂格朗代（Debra Englander）和 John Wiley & Sons 公司的全体员工提供了高质量的建议和帮助。罗伯特·哈格斯特朗（Robert Hagstrom）、厄尼·基恩（Ernie Kiehne）、达琳·奥林奇（Darlene Orange）、珍妮弗·墨菲（Jennifer Murphy）、马克·尼曼（Mark Niemann）、莉萨·拉普阿诺、戴尔·韦特劳弗（Dale Wettlaufer），还有美盛的其他同事都非常友好、乐于助人。我特别感谢比尔·米勒在百忙之中抽出时间来和我交谈。即使有这些帮助，我也要对本书承担全部责任，任何可能出现的错误或遗漏都尽归于我。

　　这里提到的许多人都生活和工作在纽约市。他们勇敢地度过了美国历史上最可怕、最困难的时期之一：2001年9月11日世贸中心和五角大楼遭到恐怖袭击。尽管他们自己也有痛苦和悲伤，但他们非常耐心地帮助我，让我得以顺利地完成本书的写作。我真诚地赞扬和感谢你们每一个人。

珍妮特·洛

写于加利福尼亚，德尔马

2001年秋

| 第 1 章 |

## THE MAN WHO BEATS THE S&P

# 比尔·米勒
### 新经济价值投资的核心人物

> 如果你不知道自己要去哪里,你必须非常小心,因为你可能到不了那里。
>
> ——约吉·贝拉(Yogi Berra)

电话铃声响了。电话那头传来一名年轻女子急促的声音，她告诉我，比尔·米勒马上就要接电话了。现在是采访他的绝佳时机吗？事实上，我的计算机几个小时前刚好坏掉了，里面装着我精心准备的问题。最近几周以来，我们一直在试图安排这次一对一的电话访谈。不巧的是，要么是米勒在出差，要么是我在出差。好吧，现在让我们开始吧！我提醒米勒我正一手拿着电话，一手拿着便笺簿，完全凭借记忆手动记录。很好。他就像一艘会说话的火箭船，口中迸发出很多宏大的概念，吐露出一些多音节的单词，在回答问题时就像一架开足了马力的喷气式飞机。

哟！美国新晋投资大师威廉·H. 米勒三世⊖是个行事匆忙的人，但他并不会炫耀、蜻蜓点水或敷衍了事。他是一个天生精力旺盛、充满理智的人——对于一个在年度报告中使用"反向转化"（enantiodromia，朝着反方向前进，或朝着对立面摆动）一词的人，你还能说些什么呢？米勒采用了一个经典的概念——价值投资，并将其带入 21 世纪，从而奠定了他在投资者和同行心目中的明星地位。

瑞士信贷第一波士顿（Credit Suisse First Boston）的投资策略师迈克尔·莫布森（Michael Mauboussin）在哥伦比亚商学院

---

⊖ 即比尔·米勒。比尔（Bill）是威廉（William）的昵称。——译者注

兼职教授投资学课程。他认为，米勒是美国最出色的共同基金经理。"2001年，米勒在一些投资上也'踩雷'了。但他在美国在线（American Online, AOL）和戴尔上赚的钱比上帝还多。"[1]（截至1999年，米勒在戴尔股票上的持仓已经增值了3500%。从那时起，他开始逐步减仓。）

现年52岁的米勒，㊀供职于总部位于巴尔的摩的美盛集团，并管理着规模达118亿美元的价值信托基金。这是唯一一只连续11年击败标准普尔500指数的多元化基金。㊁米勒被晨星公司（Morningstar）评选为1998年的全美年度股票基金经理，并被同行分析师推选为晨星1999年的10年期投资组合经理。纵观价值信托基金的发展史，它的年复合回报率达到18.24%。而自1991年以来，米勒的年复合回报率达到了18.16%，其业绩表现让大多数以价值为导向的基金经理望尘莫及。在他连续第8年跑赢标准普尔之后，他打破了之前富达麦哲伦基金传奇人物彼得·林奇创造的纪录。㊂

值得一提的是，米勒是在一个对价值型基金经理充满敌意

---

㊀ 米勒出生于1950年，本书英文原版写于2001年秋，出版于2002年。——译者注

㊁ 截至2005年，价值信托基金连续15年击败标准普尔500指数。——译者注

㊂ 彼得·林奇曾连续7年跑赢标准普尔500指数。——译者注

的市场中创造了这些纪录的。从20世纪60年代中期到90年代中期的30年间,价值型基金一直是领跑市场的基金类型,但自1995年以来,价值型基金被成长型基金取代。一些成长型基金经理声称,米勒在20世纪90年代取得了骄人的业绩,仅仅是因为他放弃了价值原则,从旧经济的蓝筹公司转向了新经济的高科技公司。

事实上,米勒确实时不时地进入当下流行的科技世界,科技股在他的投资组合中占据了重要地位。然而,他说这丝毫没有减少他对基本价值投资理念的热爱。这似乎表明,米勒看到了未来。他知道,在某种程度上,价值投资理念必须和高科技商业世界相互结合、相互致意并建立关系。

## 智力竞赛

计算机科学家雷·库兹韦尔(Ray Kurzweil)是《灵魂机器的时代:当计算机超过人类智能时》(*The Age of Spiritual Machines: When Computers Exceed Human Intelligence*)一书的作者。他预言:到2018年,价格仅为1000美元的计算机将拥有与人脑大致相当的智力。它们将能够与人类交谈,认出我们,并在我们孤独时陪伴左右。除了缺少一对拇指和一些其他特征,它们将拥有人类拥有的一切。再过10年,一个价值

1000美元的计算机大脑将拥有相当于1000个人的思维能力。这些聪明的机器将开始宣称拥有自我意识——这相当于"我思故我在"。库兹韦尔写道："幽灵还没有出现。"但是，他补充说："在21世纪早期，地球上已经出现了一种新的智能形式，它可以与人类智能相媲美，并将最终超越人类智能。相比于以往任何塑造人类历史的事件，这都将是一座更重要的发展里程碑。"[2]

考虑到电子通信和计算机化的进步可能带来的潜在影响，这一变革是否会被投资界忽视呢？变化正在疾驰而来。的确，投资者以前也曾被各种变化超越，但他们当中最精明的人会选择与鹿群并肩而行，像比尔·米勒那样，欣然接受这种冲击，而不是抵制它。

美国司法部前首席经济学家卡尔·夏皮罗（Carl Shapiro）、加州大学伯克利分校信息管理和系统学院院长哈尔·R. 瓦里安（Hal R. Varian）在他们所著的《信息规则》（Information Rules）一书中指出，一百年前，人们的生活和工作方式发生了天翻地覆的变化，主要受益于两个早期的网络行业：电力网络和电话系统。电力和电话的传播速率可能比互联网要慢，建立统一标准也花了更长的时间，但正如互联网的影响是巨大的，电力和电话也是如此。一些专家声称，计算机和互联网只不过是这些开创性技术的下一个进化阶段。但无论如何，有一件事是明确的：信息技术不再是"网虫"们为了消遣取乐而操纵的东西，它已经成为一个大产业。那些回避它的人有被时代抛下的风险。

**遭遇调整**

然而，新千年伊始，所有人都发现，高科技就像保守派警告的那样危险。尽管米勒在竭力推动高科技和价值的创新融合，但是他在一定程度上遭遇了市场调整。与所有投资者一样，米勒也选到过垃圾股票，踩中过"地雷"，同时持有输家和赢家的时间太长，以至于错过了一些优秀公司。与沃伦·巴菲特和投资界其他长期幸存者一样，米勒偶尔也会遇到下跌。20世纪80年代末，价值信托基金的表现在5年里有4年表现不佳，而晨星公司和其他评级机构对基金的评级让人感到尴尬。尽管米勒扭转了这一局面，并在20世纪末和21世纪持续跑赢标准普尔500指数，但是他的基金回报率有时也会是负数。幸运的是，标准普尔500指数比价值信托基金下跌得更多。但米勒表示，这些偶尔的下跌无关紧要。连续10年的杰出业绩表现"会让你很放松。我可以容忍在今年、明年，甚至未来3年表现不佳"。

综上所述，那些恼人的、顽固的、以价值为导向的问题依然存在：在高科技股票的历史如此有限的情况下，投资者如何确定营业收入能否增长，自由现金流能否保持强劲，其他基本面能否实现预期呢？人们如何通过这些日常可以获得的零散信息，来得知一家公司的价格是过高还是过低呢？米勒承认，对此他也不总是很清楚。批评他的人有时怀疑，他是否真的对自己正在做的事情胜券在握。

事实上，这甚至不是米勒考虑投资的方式。他敏锐地意识到，在投资界，没有什么事情是百分之百确定的。这都是概率问题——股票在一段时间内获得预期回报的可能性有多大。米勒完全预料到自己会犯一些错误，但他也预料到自己会有足够多次的判断正确，从而铸就自己辉煌的业绩。举个例子，他的一位分析师马克·尼曼解释说，如果米勒投资了4家公司，其中3家的股价可能会跌至零，但如果第4家的股价达到当前价格的6倍，米勒最终就能获得50%的回报。换而言之，其投资组合的总回报将超过市场平均水平。事实上，对米勒投资组合表现的分析表明，他正确选择股票的概率有时低于其他基金经理。尽管如此，他的总体回报仍然非常可观。

"我曾经是白雪公主，但如今我已不再清白。"

——梅·韦斯特

想象一下20世纪90年代中期市场的喧嚣吧：来自巴尔的

摩的保守型基金经理比尔·米勒开始关注科技股，然后开始发起大规模投资，一头扎进了电信和互联网领域的禁区。

在一大群市场观察人士看来，老牌的美盛伍德沃克公司（Legg Mason Wood Walker Inc.）旗下的价值信托基金最终将20%的资产投资于美国在线、亚马逊和戴尔等公司的股票，简直是滑天下之大稽。对许多人来说，价值信托基金一直是价值与成长的混合体，但它已经越过了界限，成为一只成长型基金。毕竟，现在它的表现就像一只成长型基金。因此，它一定是一只成长型基金。

共同基金专栏作家玛丽·罗兰（Mary Rowland）写道："许多价值型基金经理，如美盛价值信托的威廉·米勒，不再购买我们认为的价值型股票。米勒的历史业绩很好，过去3年的年回报率超过43%。但是，当你重仓持有美国在线、戴尔和MCI世界通信（MCI WorldCom）等公司的股票时，这算价值投资吗？我并不这么认为。"[3]

还有更加尖酸刻薄的批评。1998年7月，财经网站"华尔街"（theStreet.com）上发表了一篇专栏文章，网站创始人詹姆斯·J. 克拉默（James J. Cramer）在文章中写道："在这个世界上，所谓的价值只不过是一场假面舞会，一种卑鄙的营销策略，诱惑着那些投资者，他们本来不想持有这种价格过高的股票。"

## 价值投资已死,抑或是过时了?

批评的寓意非常明显。比尔·米勒已经变成了一个装腔作势、自命不凡的家伙——他不再是那个留着平头的价值投资者了。更重要的是,如果一个聪明到能够年复一年地击败标准普尔500指数的人都在改弦更张,那么很明显,价值投资已经死了。记者们大声疾呼:米勒出卖了自己的灵魂。尤其是一些专栏的作者,他们把自己的分析寄托在高度简化的投资定义上,对米勒大加指责。

对米勒作为价值投资者的嗤之以鼻大多发生在20世纪90年代末,当时一些受人尊敬的出版物兴高采烈、信心十足地为价值投资方法掘墓立碑。当时,《商业周刊》(*Businessweek*)一篇具有代表性的文章报道称,尽管价值投资这种经典投资方式在新千年复兴,但是"当前的反弹也可能是旧式价值投资最后的欢呼。在传统的商业周期中,价值投资能产生最佳效果。价值型股票通常是在从经济衰退的底部到扩张的顶部这一阶段实现大部分收益的,因为上升的经济浪潮提高了收入和利润。在商业周期的下行阶段,成长型股票(收益现金流更可靠的股票)的表现要优于价值型股票"。

"在利润下滑的时期,市场青睐那些利润能够持续增长的公司。但现在,由于技术、全球化和更明智的货币政策,商业周期被抑制和延长了。1945～1991年,美国经济经历了9次衰退。目前的扩张已经持续了8年(当时是1999年),还没有出现衰退的迹象。随着经济衰退的减少,典型的价值型股票发光的机会也越来越少。低通胀的经济环境也不利于开展价值投资。"[4]

## 经验丰富的重击手

围绕价值投资的愤怒和骚动,会不会是由沉溺于即时满足的这一代人无法理解价值特定的时间框架导致的呢?事实上,在20年或更长时间内,价值投资的表现总是优于成长投资。研究公司伊博森(Ibbotson)的数据显示,1946～2000年,价值型股票与成长型股票的平均业绩表现分别为15.4%和11.5%。换句话说,在1946年投资100美元的价值型股票,到2001年将价值266 544美元;相比之下,成长型股票仅价值39 681美元。然而,回到5年前的1996年,成长型股票和价值型股票齐头并进,胜负难分。成长型股票的年增长率为15.3%,价值型股票的年增长率为15.1%。只要10年时间,价值型股票就会超过成长型股票;而彼时,价值型股票的年增长率将上升至15.4%,而成长型股票的年增长率将下降至14.6%。[5]

那些指责米勒改变立场的人似乎没有充分意识到,价值投资者的使命、抱负和梦想是购买那些显示出增长前景的股票。

很明显，所有投资者都有一个共同的目标——现在购买将来会更值钱的东西。但只有当这些股票的价格低于其内在价值（或真实价值）时，价值投资者才会买入这些股票。基于米勒的一些选择，愤世嫉俗的观察家很难将他与其他伟大的、受人尊敬的、持久的价值投资者归为一类。譬如，哥伦比亚大学已故教授和作家本杰明·格雷厄姆、伯克希尔-哈撒韦的沃伦·巴菲特、红杉基金的威廉·鲁安、邓普顿基金的约翰·邓普顿爵士、从温莎基金退休的约翰·聂夫。事实上，米勒并不完全符合他们的模式。古往今来，不同的价值投资实践者的差异之处在于，他们如何做出选择，以及他们愿意为回报等待多久。

投资经理兼作家罗伯特·哈格斯特朗说，在众多投资大师中，米勒与巴菲特的合伙人——性格古怪的查理·芒格有诸多相似之处。在投资生涯的早期，芒格会梳理每一个可能的投资情况，寻找便宜货和被忽视的投资机会。后来，芒格改变了他的方法。他认为深度价值投资需要耗费大量的时间才能实现，这会导致太多的精神痛苦和折磨。与其如此，不如多花点钱买个物有所值的东西，晚上能安枕无忧，不用担心你的大笔投资会打水漂。

## 成长 VS. 价值

即便是那些本该更了解米勒的作家，也对他的做法感到困惑。因为尽管他们钦佩米勒取得的成就，但他们觉得自己找不到适合他的定位。《巴伦周刊》(Barron's)将米勒描述成一位这样的投资经理："投资缪斯语调神秘，这种方式让他获得了卓越的业绩，也让他的风格显得与众不同。"[6]

然而，也许归功于多年来对哲学的研究，米勒对被误解始终持乐观态度。

米勒说："我认为这是因为人们无法理解长期投资。'成长'和'价值'是人们用来给事物分类的标签。如果你看看晨星公司投资风格的格栅⊖，你就会发现我们一直在整个谱系里不停迁徙。然而，这只基金已经以同样的投资方式运行了 15 年。"[7]

从 1982 年成立到 2001 年，美盛价值信托基金的年复合回报率为 18.24%。最初，米勒在受人尊敬的资深基金经理厄尼·基恩的指导下管理这只基金。尽管回报令人钦佩，但是在 20 世纪 80 年代末，价值信托基金在 5 年时间里有 4 年表现逊于市场，它们是两个独立的 2 年。"那几年的经济波动比我们最近经历的要剧烈得多，因为宏观经济周期由强转弱，投资者的行为在兴奋（1986 年至 1987 年中期）和恐慌（1987 年底和 1990 年）之间交替。那段时期，发生了一系列震惊世界的大事件：1986 年石油价格崩溃、1987 年美元疲软以及美联储提高利率、1989 年苏联及东欧剧变、1989 年和 1990 年储蓄和贷款

---

⊖ 指晨星的投资风格箱。

银行危机,1990年萨达姆入侵科威特引发油价螺旋式上涨。"[8]

1990年,米勒接管了公司。幸运的是,那一年华尔街进入了有史以来最引人注目的增长阶段。而正如我们将看到的那样,米勒大大提升了价值信托基金的业绩。1991～2001年,这只基金的年复合回报率上升至21.05%。

尽管价值信托基金连续10年超越标准普尔500指数,但是米勒在2000年还是经历了一段可怕的困难时期。那年1月和2月,他的基金表现落后于标准普尔500指数,主要原因是他的核心投资标的之一美国在线表现疲软。投资者开始以每天2000万美元的速度赎回基金。尽管如此,米勒还是在那一年再次超越了标准普尔500指数。我们将检查他的投资纪录,并在稍后的章节介绍从中学到的经验。

是什么让米勒能够经受住这么多次金融风暴的侵袭?2001年初,《纽约时报》(*The New York Times*)曾断言,正是由于米勒的坚持不懈,才使得他成为"投资界顽强的、不合常规的明星人物"。[9]尽管米勒愿意投身于科技行业,但是他的个人风格更接近于保守的价值型人群,而不是通常与科技基金联系在一起的那种自负、精力充沛、反应敏捷的经理人。[10]

## 米勒对价值的定义

美国共同基金投资领域冠军的投资风格是什么样的呢?米

勒解释道：

> 我们试图买入那些价格远远低于其内在价值的公司。不同的是，我们会在任何可能的地方寻找这种价值。我们不排除科技公司是一个寻找价值的领域的可能。[11]

然后米勒清晰地阐述了他的主要观点：

> 我们对价值的定义，直接源于金融学教科书，它将任何投资的价值定义为该投资未来自由现金流的折现值。在金融文献中，你找不到以低市盈率（市值与盈利之比）或市值与现金流之比定义的价值。你会发现，有经验的投资者会把这些指标作为衡量潜在低价股票的参考标准。这些指标有时管用，但有时并不奏效。[12]

米勒有时甚至会买入历史短暂、市净率㊀极高的股票，这似乎打破了所有传统规则，那最终，他如何能赢得价值投资者的桂冠呢？

▶ 与纯粹主义者格雷厄姆一样，米勒对臭名昭著的"市场先

---

㊀ 市值与净资产之比。——译者注

生"表现出来的善变情绪不予理睬。米勒表示："我对整个市场并没有态度鲜明的看法。试图预测市场走向或猜测市场定价过高还是过低,几乎没有任何附加价值。"[13]

- 与价值投资者的偶像巴菲特一样,米勒看重特许经营权的价值。这是他喜欢亚马逊的原因之一。

- 与约翰·伯尔·威廉姆斯(John Burr Williams)一样,米勒愿意在计算数据时进行预测。与此同时,他认为,在给经纪公司打电话、下单购买股票之前,数字还不足以告诉你需要知道的一切。

- 与查理·芒格一样,米勒到处寻找投资线索。

- 与所有价值投资者一样,米勒在购买股票时也会考虑安全边际。计算安全边际为投资留下了容错的空间。他解释道："我们的方法旨在尝试,并在公司潜在回报阶段的早期就抓住它们,这意味着它们已经被市场大幅低估。"[14]

- 与红杉基金的威廉·鲁安一样,米勒也不是一个频繁交易者。他买入并持有,他做长线投资。[15] 他说："我很容易买到没有任何短期收益的股票,但我有信心这只股票的长期表现将跑赢大盘。"[16]

## 与潮流背道而驰

可以肯定的是,米勒受到的大部分批评,主要源于价值投资正处于史上最困难的阶段和时期。价值投资总是在牛市的顶部承压,但 2000 年夏天的情况看起来尤其糟糕。那年,马克·科菲特(Mark Coffelt)管理的得克萨斯资本价值与增长基金(Texas Capital Value & Growth Fund)的市盈率是同类基金中最低的之一。"价值投资仿佛遭遇了百年不遇的大洪水。"科菲特说道。[17]

尽管科菲特承认,对致力于寻找低市盈率股票的信徒而言,20 世纪的最后 2 年几乎是最近 50 年来最黯淡的年景,但是他坚信价值投资终将回归,在新世纪的第一个 5 年,价值型股票应该比所谓的成长型股票表现得更好。"我们不认为均值回归㊀的物理学定律已经改变了。"科菲特说道。[18]

当价值投资的丧钟仍在敲响时,某些价值投资者(包括米勒)正在竭力冲破封锁,这正是华尔街的高深莫测之处。2000 年初,帕伯莱投资基金一号(Pabrai Investment Fund I,PIFI)的创始人莫尼什·帕伯莱(Mohnish Pabrai)击败了 99% 以上的共同基金和职业基金经理。他主理的帕伯莱投资基金一号仿照沃伦·巴菲特早期的合伙公司(20 世纪 50 年代末成立,70 年代初解散),取得了 62.5% 的回报率(扣除基金管理费和各项费

---

㊀ 与物理学界的万有引力定律相似,均值回归代表着股票市场运行的一种法则:随着时间推移,投资回报率似乎被吸引向某种基准。——译者注

用支出之前），业绩表现超越了全部 3 只市场指数：超过道琼斯工业平均指数 68.7 个百分点，超过标准普尔 500 指数 57.8 个百分点，超过纳斯达克综合指数 15.2 个百分点。帕伯莱是一位虔诚的价值信徒，然而他的行事风格与米勒大相径庭。"我们今年的表现非常引人注目，因为它是通过购买非常普通的东西实现的。"帕伯莱说道，"在纯粹的科技领域，我们的下注少之又少。我只对那些我能预测至少未来 5～10 年的公司感兴趣——这对大多数科技公司来说几乎是不可能的。"[19]

次年，米勒承认，他的投资风格可能会招致批评，但他还是圆满完成了任务：

> 长期而言，（美盛价值信托基金）为股东创造了极富吸引力的回报。然而，在实现这一长期超常表现的过程中，这只基金也出现过很多次单个季度业绩不佳的情况。历史业绩表明，在市场疲软时期，可能孕育着绝佳的投资机会。[20]

不出所料，当科技股的连胜结束时，价值型股票再次成为市场上的冠军。背负着稳健安全的盛名，又一轮价值投资的热潮开始了，共同基金的投资者蜂拥而至。比尔·尼格伦（Bill Nygren）主理的奥克马克精选基金（Oakmark Select Fund）拥有 31 亿美元的资产，在 2001 年前 4 个月赚得盆满钵满。5 月初，

7亿美元的热钱突然涌入，令尼格伦大为震惊。他宣布，不再接受新的投资者。他担心，规模过大会让他坚持只持有20只股票、投资中型企业的成功战略化为泡影。此外，尼格伦解释道："我们许多的新进投资者都热衷于追逐业绩，他们可能会对基金造成破坏性的影响，我们对此心存疑虑。"[21]然而，由于投资者将价值信托基金视为偏重科技股的基金，米勒遭遇的境况和尼格伦恰恰相反，投资者大量赎回退出。

然而，对于那些坚称自己为价值投资者的人来说，投资者信心的复苏令人欢欣鼓舞。米勒说："过去1年的市场走势证明，估值确实至关重要。"[22]

## 像全明星一样行事

所有伟大而持久的投资者都是价值投资者。与格雷厄姆、巴菲特、邓普顿和聂夫一起登上价值投资荣誉榜单的大师，还有加贝利基金（Gabelli Funds）的马里奥·J.加贝利（Mario J. Gabelli）、早先提到的奥克马克精选基金创始人比尔·尼格伦、长叶合伙人基金（Longleaf Partners）创始人梅森·霍金斯（Mason Hawkins），还有共同股份基金（Mutual Shares）的拉里·桑代克（Larry Sondike）。表1-1显示了这些基金经理过去1年和自基金成立以来的业绩。

表 1-1

| 基金名称 | 基金经理 | 过去1年回报率(%) | 过去10年回报率(%) | 自成立以来年复合回报率(%) | 自成立以来累计回报率(%) |
|---|---|---|---|---|---|
| 美盛价值信托基金 | 米勒 | −13.68 | 18.49 | 18.17 | 2 488.78 |
| 奥克马克精选基金 | 尼格伦 | 33.73 | N/A | 29.04 | 252.46 |
| 长叶合伙人基金 | 霍金斯 | −2.77 | 16.80 | 14.73 | 633.84 |
| 加贝利价值基金 | 加贝利 | −5.83 | 16.42 | 14.05 | 386.46 |
| 共同股份基金 | 桑代克 | −4.16 | N/A | 13.08 | 232.45 |

尽管这些投资者有着共同的基本哲学，但是他们每个人都创造了自己对价值经典的独有诠释。早前，加贝利就开始根据公司产生的现金而不是资产或收益来评估公司的价值。在20世纪80年代的杠杆收购（leveraged buyout，LBO）热潮中，这一概念成为企业收购者常用的工具。

投资者想出了"私人市场价值"这个术语，来定义一名精明的投资者为整个公司支付的价格。交易决策者大举买入他们认为价值被低估的公司股票，然后再用这家公司的自有资金偿还为收购而融资借入的资金。或者说，这至少是他们的既定目标。然而，这些债务常常得不到偿还，拖累了被收购公司的业绩。[23]

至于巴菲特，杠杆收购中从来都看不到他的身影，但他也把传统的价值投资风格发挥到了极致：1988年，伯克希尔－哈撒韦抓住机会，买入了可口可乐6亿美元的股份，1989年又购入了吉列公司6亿美元的股份（1989年，巴菲特对可口可乐增持到 12 亿美元）。当时，这两家公司的股票都不被视为价值型股票，且对巴菲特来说，它们的股价似乎高得有些异乎寻常。但他从合伙人兼副董事长查理·芒格那里了解到，老式的"捡烟蒂"式的价值投资也有其自身的风险。在通常情况下，这些有深度价值的标的公司的业务都很糟糕。需要时间，有时甚至还需要额外的现金，才能让这些便宜的股票重新回到正常价位。而支付更高的价格，获得受人赞赏的全球特许经营权，并享受漫长而相对容易的价值增长过程，显然是更令人愉快的事情。2001 年，伯克希尔 – 哈撒韦持有的可口可乐股票价值 94 亿美元，持有的吉列股票价值 28 亿美元。

**米勒的投资教练**

虽然早在大学时期，米勒就已经接触到价值投资的概念了，但是真正向米勒灌输价值投资理念的是一位精力充沛的耄耋老人——价值信托基金的联合创始人厄尼·基恩。米勒、基恩和奇普·梅森（Chip Mason）都热爱棒球运动，他们年轻时都曾为校队效力。基恩是一位穿着整洁的老派人士，长期以来一直青睐银行、通用汽车（General Motors）和花旗公司（Citicorp，现为花旗集团⊖）等传统价值型股票。米勒表示，他

---

⊖ 1998 年，花旗公司与旅行者集团合并为花旗集团。——译者注

管理资金的方式与他的导师基恩非常相似,只是基恩更为传统(顺便提一句,基恩现在仍然在米勒的投资团队任职)。有哪些相似和不同之处呢?"我更依赖于现代投资组合理论,"米勒说道,"我们的估值方法也变得更加复杂。"[24](我们将在以后的章节中重点介绍这些高级的估值方法。)

米勒的成长轨迹与传统的商学院教育相去甚远。他出生于佛罗里达州,1972年以优异的成绩从位于弗吉尼亚州莱克星顿市的华盛顿与李大学毕业,获得了欧洲历史和经济学学士学位。在做了一段时间的军队情报官之后,米勒在约翰斯·霍普金斯大学攻读哲学博士学位——更具体地说,是法律和政治伦理学。"所以我没有受到商学院错误理念的误导。"他用略带揶揄的口吻,笑着说道,"我有专门的误导信息来源渠道。"[25]

米勒曾一度考虑过做一名哲学老师,但他的大学老师郑重其事地提醒自己的学生,他们是找不到教学职位的,米勒对此牢记于心。如果学生对这门学科缺乏基本的兴趣,他们还不如学点别的知识。米勒一直坚持学习哲学直至课程结束,但他没有写博士论文。

这主要是因为,米勒对金融事务越来越感兴趣。迈克尔·胡克(Michael Hooker)是米勒在约翰斯·霍普金斯大学读书时的哲学老师,他回忆起每天早上上班的情景:"我是第一个来上班的教员,当我到的时候,比尔正坐在职工图书馆里看

《华尔街日报》。"胡克鼓励米勒放弃哲学,转而在金融领域放手一搏。

胡克的鼓励促使米勒转型为金融人士。20 世纪 70 年代中期,米勒先在制造企业 J. E. 贝克公司(J. E. Baker Co.)从事财务工作,后来升任财务主管。[26] 这家公司总部位于宾夕法尼亚州约克县,经营生产白云石的采石场,产品主要用于钢铁和水泥制品。米勒同时担任 J. E. 贝克公司一部分投资基金的管理人,他发现这部分工作是他最喜欢的。

1974 年,米勒在军队服役期间结识了后来的妻子莱斯莉(Leslie),两人坠入爱河并很快结婚。米勒在 J. E. 贝克公司工作期间,莱斯莉在美盛集团做经纪人,同时也是这家金融公司明星经纪人哈里·福特(Harry Ford)的助理。每天下午,米勒都会接莱斯莉下班,在等她的间隙,米勒会查阅公司的研究报告。美盛集团董事长奇普·梅森回忆说,米勒会在下午 4:30 左右出现,而当他的妻子于下午 6:30 准备离开时,他一般都在全神贯注地学习研究报告,以至于莱斯莉不得不催促他离开。

莱斯莉·米勒把她的丈夫介绍给公司当时的研究主管基恩。幸运的是,基恩和梅森正在物色合适的人选,来接替计划退休的基恩。让基恩略感讶异的是,他发现自己要找的最佳人选远在天边,近在眼前。当时美盛集团的员工人数还不到 500 人,规模相对较小,米勒对研究的痴迷吸引了大家的注意力。

1981年，米勒被这家拥有百年历史的老牌公司聘用，并在几年后成为基恩的继任者。

美盛集团当时仍然是一家规模相对较小的公司，不过它已经获得了很高的赞誉，并迅速成长为一家全球性的公司。它管理着大约1750亿美元的基金规模，在美国大型基金管理公司中排名第25位。

## 获胜的"梦之队"

作为美盛基金管理公司的CEO，米勒负责管理5只共同基金，价值约230亿美元，其中包括个人管理账户和大型机构账户。他还在美盛集团管理着2只基金：价值信托基金和机会信托基金。此外，他还是大师精选权益基金（Master Select Equity Fund）外部精英团队的基金经理之一。大师精选权益基金是一只试验性基金，共同基金通讯出版商肯·格雷戈里（Ken Gregory）正在拿这只基金试验他的一些想法。

2001年，此前一直由米勒管理的特殊投资信托基金（Special Investment Trust）被36岁的莉萨·拉普阿诺接管。拉普阿诺是米勒12人研究团队和3名交易员的智囊团成员之一。特殊投资信托基金遵循与价值信托基金相同的投资策略，但投资于不同的市场领域——中小型公司。约25%的资金投资于情况特殊或困境反转型公司。在米勒的指导下，特殊投资信托基金的表现非常出色，在截至1999年12月31日的5年内，其表现相比其业绩比较基准罗素2000指数<sup>⊖</sup>高出960个基点。在整个16年的投资区间内，这只基金的年复合回报率为14.4%。这只基金的规模约为20亿美元，主要投资小型的、不受市场关注的普通股。这些公司或涉及重组，或涉及其他特殊情况。虽然这些公司有诱人的增长潜力，适合做深度价值投资，但它们也承担着额外的风险，更不用提可能面临极端的市场疲软期了。这只基金42%的资产投资于科技股（在3月达到峰值），但其2000年的回报率为−17.74%。唯一让股东感到欣慰的是，特殊投资信托基金的表现好于其业绩比较基准——标准普尔400指数。2000年3月～2001年3月，标准普尔400指数的回报率为−21.6%。彼时，这只基金已经连续6年跑赢其业绩比较基准了。

但米勒的得意之作仍然是价值信托基金，这只基金购买那些与公司盈利能力或资产价值相比，价格似乎被低估的证券，并借此来寻求资本增值。正如基金募集说明书中含蓄地表达的那样，"这只基金面向的是那些为了对抗通胀而寻求资本增长的投资者"。2000年底，与米勒共事十多年的南希·丹宁

---

⊖ 罗素2000指数创立于1972年，有2000只成分股，代表了市场上中小型公司的市值。——译者注

（Nancy Dennin）成为价值信托基金的基金经理助理。尽管她的投资纪录总体上很优秀，但是有一段时间，她管理着美盛集团旗下的总体回报信托基金，而这只基金并非美盛集团的主要基金之一，并且后来被并入了另一只基金。

## 现场报道

价值信托基金成立于1982年4月23日，初始资产净值为每股10美元。当时是推出新基金的艰难时刻，两位数的利率严重影响了股市。道琼斯工业平均指数在825点徘徊，较1981年4月触及的牛市高位1024点下跌了19%。成立两个月后，这只基金共有331名股东，净资产为110万美元，每股资产净值为10.25美元。

在价值信托基金成立的最初10年里，米勒和基恩是这只基金的联合管理人。对价值型股票来说，尽管20世纪80年代总体上是利好的，但是价值型信托基金的表现好坏参半。基恩是一个古典主义者，他喜欢低市盈率的蓝筹股。他表达了对银行股的喜爱，但至少在最初阶段，这只基金的股票持仓只占总资产的40%。一开始，股票在投资组合中占的比例相对较小，因为基恩和米勒需要逐渐建立自己的头寸。在美盛集团，这一过程被称为"细嚼慢咽"。专业投资者喜欢慢慢吃进某只股票，以免影响其市场价格。一个突然的、大规模的大宗交易可能会推动某只股票的价格出现非正常上涨。这只基金的持仓主要包括美国氰胺公司（American Cyanamid）、美国电话电报公司（American Telephone and Telegraph）、诺福克南方公司（Norfolk Southern Companies）和西屋电气公司（Westinghouse Electric Corporation）。这只基金在成立后的前几年里大幅增长。然后，它落后了几年。当1990年美国股票市场发生暴跌时，银行股是最大的输家之一。[27]（基金当时的完整持仓清单详见附录A。）

1990年，随着价值信托基金面临17%的下跌，基恩把基金的管理权交给了米勒。尽管自1986年以来，这只基金经历了一段困难的时光，业绩乏善可陈，但是仍有2000多名股东，每股资产净值增至26.76美元。在这只基金持有的银行股发生变化之前，米勒就已经转向一种更灵活的价值定义——依靠未来的现金流、净资产收益率及另外一些巴菲特和其他个人价值投资者已经在倡导的指标。[28]

这一年，价值信托基金以35%的回报率比30%的回报率战胜了标准普尔500指数，但不无讽刺意味的是，对这只基金上涨贡献最大的股票，居然是之前基恩选择的那些正在复苏的银行股，以及其他一些老牌的蓝筹股，如房利美（Fannie Mae）、菲利普·莫里斯（Philip Morris）及猎户座资本（Orion Capital）之类的企业。[29]"我犯了很多错误，"基恩回忆道，"但无论如何，其中有些股票最终表现良好。"[30]

米勒做得很好，但他在 1993 年的年度报告中告诉股东，做得更好的另有其人。或者说，如果是这个人在管理投资的话，至少应该做得更好。"第一季度属于比尔·克林顿，如果没有那些令人讨厌的利益冲突规则，他无疑会是美国表现最好的基金经理。他看好的股票，如汽车、航空、能源，尤其是天然气，表现出色；而他不喜欢的那些股票——背后是暴利的医疗保健公司、罪恶的酒精和烟草、让人贪嘴的食物，表现糟糕。他钟爱的债券价格一路飙升，股票也随之水涨船高。"[31]

听起来，通篇都像是对克林顿的赞美，但就在同一篇报告的结尾，米勒话锋一转："债券价格在第一季度大幅上涨，政府过早地得出结论，认为市场正在认可其政策，或者更准确地说，正在认可其提议。尽管政府对此感到高兴，但是债券价格上涨并不是繁荣的征兆。债券持有人在经济萧条时期感到最快乐。"[32]

同年，米勒会见了花旗公司的 CEO 约翰·里德（John Reed），之后他在花旗公司的股票上增加了新的仓位。花旗公司是美国最大的银行，有着令人惊叹的悠久历史，当时其股价比 1929 年的时候还要低。但是，米勒解释说，在他们谈话的过程中，很明显，里德"终于接受了成本控制及银行理当为其股东赚取回报的理念。花旗公司拥有无与伦比的全球特许经营权，我们预计明年的每股收益将接近 4 美元"。[33]

临近 1993 年底,米勒与标准普尔的业绩表现仍然难分伯仲。直到这一年最后几周,价值信托基金的表现还一直落后于标准普尔 500 指数。但米勒仍然满怀希望地认为,这只基金将是"一匹以微弱优势取胜的黑马"。他的愿望最终实现了。最后一刻加速爆发的迟到的收益来自 RJR 纳贝斯克(RJR Nabisco)和哈门那(Humana)。[34]

1994 年,不断上升的利率再次令这只基金持有的银行股陷入困境。更糟糕的是,一场突如其来的墨西哥比索贬值,沉重打击了价值信托基金持有的墨西哥股票——赛尔芬金融集团(Grupo Financiero Serfin)和墨西哥电信公司(Teléfonos de Mexico)。"从过去两个月的市场走势来看,投资者在第一季度开始时没有意识到,但在第一季度末完全意识到的两件事是:一是股市对迅速上升的利率反应不佳,二是墨西哥不是美国的第 51 个州。"[35]米勒写道。但是,当恺撒的世界(Caesar's World)因为 ITT 公司(ITT Corp)的要约收购而大涨 20% 时,投资组合在最后关头再一次获得了意想不到的神助攻。当这一年结束时,价值信托基金领先标准普尔 500 指数 7 个百分点。[36]

## 投资的智力游戏

1996 年,价值信托基金取得了令人印象深刻的进展。大约是在素以理性著称的圣塔菲研究所（Santa Fe Institute）㊀的时候，米勒发现了灵感的源泉。圣塔菲被誉为"与众不同的城市"，大量经济学家和科学家常年聚集于此，这对米勒不无影响。正是在这里，米勒经历了一次思想上的觉醒。（圣塔菲新时代理论的特质和影响将在第 2 章讨论。）他考虑过投资不景气的纸业公司（就像某些价值投资者正在做的那样），抑或是购买戴尔的股票。由于市场对个人计算机销售业务周期性下滑的隐忧，当时戴尔的股价很便宜。基于与一些商界领袖的交谈，米勒得出结论：个人计算机产业最终会成为一个由少数几家大公司占主导地位的行当。他认为，低成本生产商戴尔将成为行业的领军企业之一。在他买入后，戴尔的股价几乎立刻暴涨，一飞冲天。得益于戴尔股票的给力表现，价值信托基金当年大幅跑赢标准普尔 500 指数 15 个百分点。37

基于类似的理由，米勒开始收购互联网接入服务提供商美国在线的股份。1997 年，美国在线股价上涨 172%，戴尔股价上涨 216%，推动价值信托基金净值上涨 37%。尽管股价飞涨，但是米勒并没有像以前那样去减仓。他紧紧拿住了手上这些胜利的筹码。这些持仓继续成倍增长，并迅速膨胀，在价值信托基金投资组合中占有很大比例的头寸。38

---

㊀ 圣塔菲研究所成立于 1984 年，是一家位于美国新墨西哥州圣塔菲市的非营利性研究机构，主要研究方向是复杂系统科学。——译者注

与此同时，米勒开始隐隐担心股市过热。正如他在美盛集团 1997 年年度报告中所说的那样："我们认为，1982 年开始的股市高回报期会在 1996 年结束。估值过高，而未来的增长率过低，股票年复合增长率不会超过 9% 或 10%。"[39] 他之所以得出这个结论，是因为尽管企业盈利增长稳定，但是定价权已经消失，同时较低的失业率会带来工资上的压力。而且从历史数据来看，当时企业利润率水平正处于高位。米勒表示，投资者应该预期的最佳长期利率为 9%～10%。"敏感的投资者将为回报率远低于当前水平甚至为负值的时期（可能会延长）做好准备。"[40] 实际上，由于米勒的想法过于超前，他从自己 1997 年的报告中摘录了整篇文章，并在 1998 年的报告中逐字逐句地重复了一遍。

## 标准普尔的隐藏地图

1999 年底，《华尔街日报》宣称，米勒正在从标准普尔 500 指数本身寻找投资线索。标准普尔 500 指数由麦格劳－希尔公司（McGraw-Hill）旗下的标准普尔公司（Standard & Poor's）负责编制。《华尔街日报》报道称："偶尔会用表现更好的企业来取代表现乏善可陈的企业，在多数情况下会让赢家乘风而上。"这是对米勒想法的不准确描述。特别需要指出的是，任何指数的目的都是反映特定市场的现实，而不是超越它。然而，由于标准普尔指数（所有指数中涵盖范围最广的一个）表现如此强劲，因此关注那些正在推高标准普尔指数的股票是有道理的。（更多关于标准普尔策略的内容详见第4章。）可以这么说，米勒最终将美国在线的股票在他投资组合中的比例上升至19%，让科技股占总资产的比例上升至41%。1999年初，米勒只是略微减持了美国在线，尽管当时他认为，这些股票已经被高估了。[41]

1999年夏天，美国在线和其他互联网公司的股价一落千丈。价值信托基金相对于其业绩比较基准的领先优势从4月的逾15个百分点降至9月的不到1个百分点。然而，随着科技行业的复苏，这种痛苦在年底有所缓解。那一年，价值信托基金再次凭借美国在线大获成功。米勒在投资上的成功，还得益于基金持有了手机制造商诺基亚、计算机制造商捷威（Gateway）和全球广告巨头WPP集团⊖。

1999年底，米勒投资了亚马逊，《华尔街日报》称这是他迄今为止最大胆的举动。这家互联网零售商当时遭受了一系列财务危机，市场对此反应过度。1999年底，亚马逊的股票交易价格约为1999年预期销售额的22倍。但米勒认为，亚马逊在

---

⊖ WPP集团（Wire & Plastic Products Group）是全球最大的广告传播集团之一，总部设在伦敦，其营业范围包括广告、公共关系、游说、品牌形象与沟通。——译者注

自己的商业领域取得了几乎无懈可击的领先地位。即使没有大规模的资本注入和伴随增长而来的债务或股票稀释，它也能实现巨大的增长。

## 回归传统策略

尽管收购了许多前景不错的高科技公司，但是米勒仍试图通过收购废物管理公司（Waste Management）、克罗格公司（Kroger）和玩具制造商美泰公司（Mattel）来平衡自己的资产。（关于米勒买进废物管理公司的更多细节详见第 7 章。）

但在 2000 年 12 月中旬，米勒似乎再次陷入了事业的低潮。"目前的投资环境非常恶劣。"米勒说道，"去年，超过 127 家基金上涨超过 100%。所以投资者纷纷质问：你们在做什么？你找错地方了，你错过了容易赚到的钱。"[42]

2000 年底，在纽约 21 俱乐部举办的一次分析师招待会上，米勒安排放映了一段《加尔文和霍布斯》（Calvin & Hobbes）的动画。在画面中，一个水球在 6 岁的加尔文手中爆炸，然后加尔文说："为什么有些事情，当时看起来似乎很合理，现在回头去看却那么愚蠢呢？"

米勒说："今年我们买了很多股票，我现在的感觉就是如此。我们去年买的 3 只股票全都崩溃了，我们今年买的那些股票也崩溃了。"于是,他开玩笑说:"我想明年我们什么也不会再买了。"[43]

## 大肆出逃

在价值信托基金2000年12月22日支付每股7.82美元的应税收益之前,投资者就开始逃离这只基金了。他们中的一些人是在米勒的祝福下这样做的。1个月前,米勒提醒基金的董事们说,所有持有这只基金不到1年的股东都应该卖出。这样一来,他们中的大多数人就可以承担所得税申报表上的损失,而避免获得需要缴税的收益。这些收益是通过出售股票获得的,却是由基金的早期投资者享有的。截至12月中旬,每天流出的资金达2000万美元之巨,基金的资产从137亿美元的峰值减少到122亿美元。

就在那时,离年底还有不到3周的时间,价值信托基金和标准普尔500指数一样,毫无生机可言。2000年初,随着网络公司和其他科技股的飙升,价值信托基金的表现远远落后于市场。当米勒出售美国在线和其他一些大幅盈利的股票,并回归到基恩的"旧爱",再次购买表现落后的金融类股票、花旗集团和房利美时,他重新获得了相对标准普尔指数的优势。另一个令人愉快的意外之喜是废物管理公司,当年增长了近60%。

直到2000年的最后几周，米勒才开始以微弱的优势领先于标准普尔500指数。尽管米勒和家人正在圣塔菲庆祝圣诞节，但是他还是会定期检查基金的进展情况。全年仅剩3个交易日，价值信托基金下跌了8.1%，标准普尔500指数下跌了9.5%。第二天，也就是12月28日，价值信托基金经历了强劲复苏的一天，领先优势似乎得到了巩固。最终的结果是：价值信托基金仅损失了7.14%，领先标准普尔500指数2个百分点。新年过后，米勒回到他的办公室，发现办公室里挂满了横幅。投资团队用一顿美味的寿司午餐来庆祝，还有蛋糕和香槟。不过，米勒不无讽刺地指出，考虑到这只基金年内出现了亏损，大家的感激之情显得很奇怪。

这是米勒的业绩第10年超过其业绩比较基准。如果米勒没有采取调整投资组合的措施和行动，他的基金回报率会比市场回报率低10～20个百分点。[44] 2001年底，米勒妙计频出，连续11年跑赢标准普尔500指数。

## 成也科技，败也科技

米勒后来向股东报告：

> 1999年和2000年的投资成功，几乎完全取决于科技股的权重。1999年，以科技股为主的纳斯达克指

数上涨了85%，创造了美国历史上所有宽基指数的涨幅纪录。2000年，纳斯达克指数下跌了39%，是有史以来最糟糕的表现。偏重于TMT领域（科技、媒体和电信）的基金经理，在1999年的业绩抢眼，而在2000年的业绩却很黯淡。[45]

## 机会信托基金

1999年12月，在这个非常不利的市场时机，米勒推出了他的智慧结晶——机会信托基金。米勒对这只基金的计划是，利用他在其他基金中开发的估值工具——多因子估值分析（multifactor valuation analysis），投资选定的公司。米勒使用一系列价值衡量指标来分析一家公司的股价，然后研究结果的分布。这种分布让他对合适的估值有了更清晰的认识。这种"便携式"的投资组合，将持有那些被确定为股价大大低于其内在价值的股票，无论这些股票是大盘股还是小盘股，是本国公司股还是外国公司股。美盛基金管理公司首席运营官珍妮弗·墨菲表示，这只基金"不打算按照任何投资风格行事"。米勒提醒说，这只基金是为那些对进取型主动管理基金固有风险感到放心的投资者设计的，投资组合的换手率可能极高。事实证明，这是一只和有耐心的客户、有耐心的资金相匹配的基金。

机会信托基金一开始跑赢了基准指数，然后沉寂了好几个月才浮出水面。随着 2000 年以来市场行情的复苏回暖，自基金成立之日起计算，机会信托基金的年复合回报率达到了 10.25%。2001 年上半年，机会信托基金的回报率为 18.36%。

机会信托基金的年费率高达 1.98%，这是它的缺点之一。平均而言，积极管理的多元化基金的费率约为 1.47%。[46] 价值信托基金 1.69% 的费率也高于大多数其他共同基金。

## 大师精选权益基金

除了管理美盛的基金，米勒还是肯·格雷戈里的大师精选权益基金团队的基金经理之一。

格雷戈里经营着一家名为利特曼/格雷戈里（Littman/Gregory）的咨询公司，还是《免佣基金分析师》(*No-Load Fund Analyst*)的出版商。1996 年 12 月，格雷戈里因为提出大师精选基金的创新概念而闻名遐迩，从此走进大众视野。这只基金共选出 6 名顶级基金经理，从成长型到价值型，从大盘股到小盘股，涵盖的投资风格甚为广泛。团队当时的设想是：创建一个核心股票投资组合，能够穿越周期，无惧波动，跑赢市场。从一开始，大家就认识到，大师精选权益基金可能永远都不会是某一年的盈利冠军。它应该按更长期、更宏大、更鼓舞人心的时间框架来评判。

大师精选权益基金最初的基金经理是戴维斯精选顾问公司（Davis Select Advisers）的克里斯托弗·戴维斯（Christopher Davis）、弗里斯联合公司（Friess Associations）的福斯特·弗里斯（Foster Friess）、长叶合伙人基金的梅森·霍金斯、港湾资本（Harbor Capital）的西·谢加拉斯（Sig Segalas）、斯特朗基金（Strong Funds）的迪克·韦斯（Dick Weiss）以及深度价值基金经理罗伯特·桑伯恩（Robert Sanborn）。2000年，比尔·米勒取代了桑伯恩。

对于米勒来说，这些人都是值得信赖的伙伴。举例来说，在截至1998年12月31日的19年时间里，梅森·霍金斯主理的长叶基金，年复合回报率为19.5%，而同期标准普尔500指数的年复合回报率为17.7%，伊博森小型企业指数（Ibbotson Small Company Index）的年复合回报率为14.8%。2001年上半年，长叶基金的回报率为10.9%。

尽管阵容豪华，但是他们的运作方式可能并不是你想象中的那种团队管理。在通常情况下，基金经理不会协同作战。他们不像董事会一样，聚集在一起，规划战略，达成共识，然后做出投资决策。他们跟市议会或学校董事会也风格迥异。这只基金的资产被分配给6位"天才"，要求每个人只能选择自己最看好的那些股票。

每位基金经理贡献 8～15 个最好的主意。对于这只基金而言，由于平均每位基金经理 5600 万美元的资产管理规模相对较小，因此获得推荐的股票可能包括小盘股。这些基金经理中的每一个人，自己都还管理着规模大得多的基金。2000 年底，大师精选权益基金缓慢起步，但势头强劲。这只基金在 2000 年遭遇损失，部分原因是米勒在捷威等个人计算机相关的股票上损失惨重。2001 年，这只基金的命运有所改善，但主要的贡献者并不是米勒初选的股票，而是玩具反斗城（Toys "R" Us），它在当年第一季度增长了 43%。（更多关于这一宝贵持股的信息详见第 7 章。）不过，米勒确实及时用美盛旗下的基金投资了玩具反斗城。这家公司成为许多价值型基金经理的最爱。

大师精选权益基金的基金经理明显都是价格敏感型的选股者。事实上，在 2000 年，这只规模 4.5 亿美元的基金表现超过了相关指数和大多数股票基金。这一年，各种大型指数像被刺破了的气球一样瘪了下来。然而，尽管这只基金的回报率为正，20 世纪最后 3 年的年复合回报率为 10.19%，但是业绩并没有让投资者心跳加速。

### 让开，摇滚明星们

由于在选股上的智慧，米勒在自己的公司里成了英雄。"他是我们的关键先生。"美盛集团资深经纪人约翰·加拉格尔（John Gallagher）表示，"我的意思是，我年轻的时候经常去听滚石乐队的音乐会，但是我要告诉你：我宁愿花几分钟和比尔·米勒在一起，也不愿和米克·贾格尔㊀在一起。"[47]

欲戴皇冠，必承其重。米勒承认他是个不折不扣的工作狂。他每周工作7天。他的办公室位于大厦22层，俯瞰着巴尔的摩港。但即便是拥有如此开阔的视野，米勒的日常工作仍沉浸在有条不紊、与世隔绝的氛围里。除了他的妻子、2个十几岁的儿子、巴尔的摩金莺队（Baltimore Orioles）主场本垒区后面一个座位的赛季门票，以及他在圣塔菲研究所的事务，米勒在读书和工作之外几乎没有什么其他爱好。他热衷于阅读，总是向同事推荐书籍。他的公文包里可能装着某位不知名哲学家的传记、一本992页的平装版英国诗歌文学史《诗歌人生》（Lives of the Poets），或是理论生物学家斯图尔特·考夫曼（Stuart Kauffman）的《宇宙为家》（At Home in the Universe）。米勒承认："我没有任何像组装飞机模型之类的业余爱好。"他专心致志，有时甚至在金莺队比赛的两局之间还在阅读研究报告。[48]

米勒享受着成功带来的丰厚待遇。他开一辆奔驰S500，拥

---

㊀ 米克·贾格尔，英国摇滚歌手，滚石乐队创始成员之一，1969年开始担任乐队主唱。——译者注

有 3 处房产，其中包括缅因州一处占地 80 英亩<sup>⊖</sup>的滨水庄园。他还拥有一架 7 座的里尔 60 型喷气式飞机。这架飞机每小时的飞行费用高达 2500 美元。然而，硅谷经济学家、圣塔菲研究所著名理论家、米勒的私人朋友布莱恩·阿瑟（Brian Arthur）却认为米勒为人谦逊。阿瑟评价说："他的主要特质是好奇。他给人一种很正派的印象。他会走进一个房间，静静地站在那里观察他人。他对每一件事、每一个人都充满兴趣。"

阿瑟说，让他感到困惑的是，以米勒的学术背景，为什么会每天花几个小时思考投资问题。但阿瑟认为，米勒不只是为了赚钱。米勒把投资当作一种智力练习，他很享受这种富有挑战性的智力谜题。阿瑟说米勒总览全局，熟悉基本的经济学原理，却不想被他人贴上任何类型的标签。[49]

阿瑟曾经问过米勒，为什么他读的是哲学博士，却要做一名共同基金经理呢？米勒回答说，如果他没有哲学基础的话，就不会成为一名投资者。他之所以对资产管理感兴趣，正是因为他接受过哲学思想的训练。米勒说，多亏了这种训练，"我能在千里之外就嗅到错误论点的气息"。

---

⊖ 1 英亩 ≈ 4046.86 平方米。

| 第 2 章 |

## THE MAN WHO BEATS THE S&P

# 米勒的思维方式

> 棒球90%是智力活动,剩下的那点儿才是体力活动。
>
> ——约吉·贝拉

被誉为"价值投资之父"的本杰明·格雷厄姆,曾告诫他在哥伦比亚大学商学院的研究生,要认真思考、独立思考;不要听信小道消息;在看完报纸的商业版后(放在今天来说,还包括看完商业谈话电视节目后)不要产生购物冲动;不要仅凭直觉行事;做好自己的功课;注意保持客观理性。虽然投资者可以互相学习、分享知识,但是要谨慎选择学习的对象。随波逐流只会使投资资本至多获得平均回报率(甚至,经常会低于平均回报率)。毕竟,"平均"这个词的定义本身就是描述大多数人的特征。

显然,对于比尔·米勒来说,格雷厄姆的课通俗易懂。米勒本身就是一个独立的思想者,年轻有为、锐意创新、雷厉风行、胆量过人,时而英明神武,时而犯些糊涂。他被格雷厄姆自由开放的投资分析方法深深吸引。反过来,米勒鼓励他的员工进行"思维实验",他的很多想法都是最前沿的自然科学和经济学结合在一起的产物。

## 显微镜下的经济学

众所周知,当米勒着手激励他的基金经理时,他会将昆虫与选股者进行类比。他说,两者都必须学会有效地识别"大而罕见"和"小而常见"的目标。他说:"每件事情,都可能蕴含着潜在的投资机遇。"[1]

1996年底,当米勒决定投资美国在线的时候,他借鉴了科学界的另一些意象——一堆纽扣和线,这是他从理论生物学家斯图尔特·考夫曼那里听来的比喻。当时,美国在线正被滚滚而来的业务浪潮淹没,一些专家认为,那些对糟糕的服务感到失望的用户将会集体取消订阅服务。但米勒认为,就像一串串由线连接起来的纽扣一样,已经有大量的计算机用户使用美国在线的计算机服务,他们会觉得自己对这项业务产生了依赖。他们会坚持一直使用它。

"美国在线就是连接。"米勒说。美国在线已经占据了40%的市场份额,米勒认为竞争对手很难撼动它在线上服务方面的霸主地位。[2]

罗伯特·哈格斯特朗在其畅销书《查理·芒格的智慧:投资的格栅理论》中解释说,尽管米勒向来独立思考,但是他也善于利用别人的经验来丰富自己的投资知识。不过,米勒与乌合之众的不同之处在于,他把自己的涉猎范围拓展到投资世界的标准课程之外,包括一系列冗长而枯燥的指导方针和衡量标准。哈格斯特朗写道:"说他透过藩篱窥视其他学科甚至都不太准确。应该说,他以充沛的精力和炽热的激情冲过那些栅栏,潜心钻研物理学、生物学、哲学和心理学。然后,他把在其他学科中学到的经验,努力与投资世界联系起来。"[3]

## 实用主义的背景

在约翰·霍普金斯大学攻读哲学研究生期间，米勒开始把自己定义为一个实用主义者。在很大程度上，这是约翰·霍普金斯大学教育的自然结果，因为美国历史上一些最著名的实用主义者——19世纪的教育改革家约翰·杜威和哲学家威廉·詹姆斯均与坐落于巴尔的摩的这所学府有关。

彼得·林奇在他的著作《彼得·林奇的成功投资》（*One Up on Wall Street*）一书中，建议投资者利用手中的工具。如果你在一家水务公司工作，并且是这个行业的专家，那就关注一下水务公司的股票。如果你从事于医疗行业，那就利用你对医疗产品和服务的了解来发现投资机会。米勒也做了类似的事情。他以哲学家的身份对待投资，因为那是他的专业背景。作为一个哲学专业出身的学生，他从证据和它揭示的主题的角度来思考问题。

米勒解释道，根据哲学家的观点，有三种关于真理的基本理论，即一致性理论、相关性理论和实用性理论。坚持一致性理论的人对如何构建世界有着深刻的理解，并试图将世界放入理论模型。由于理论模型往往存在缺陷或过于僵化，对投资者来说，这种方法并不适用。相关性理论根据与一整套主张或信仰的相关性来解释事实。同样，将相关性理论应用于投资，是一种接近市场的模糊方法。米勒是一个实用主义者,因为"实用主义理论家的检验标准是有用和有效,而不是一致性。"[4]

作为一个实用主义者,米勒并不迷信绝对的标准,而是将注意力转向结果。他更喜欢把自己的想法和行动,建立在那些真正有效的过程之上——不管是什么,只要它能帮助人们实现目标。

披着实用主义者的外衣有助于米勒保持思维的灵活性和弹性。他发现,无论是考虑随机游走理论、现代投资组合理论,还是其他任何投资方法,这些模型在一段时间内都有效。然后突然间,没有明显的原因,这些模型就不奏效了。在通常情况下,即使有证据表明某些地方错了,那些致力于某一理论的投资者也会固执地坚持这一理论。米勒认为,这就是过于信奉绝对原则的结果。

"关于真理,如果你坚持一致性理论,"他说,"你通常会在这个模型上坚持很长时间,因为你相信它抓住了市场的一些深层次结构。这是某些相关联的事,换句话说,是某些会带来出色业绩的事。"[6]

实用主义者比大多数人更容易摒弃陈腐的观念。"如果你信奉实用主义理论,"米勒说,"你通常会更迅速地抛弃整个模型,更重要的是,你会意识到,这个模型只是用来帮助你完成某项任务的工具。"[6]

虽然实用主义看似是一个相当简单的概念，但是它不应与世俗或平凡混为一谈。米勒深思熟虑并试图将其应用于投资问题的想法一点也不寻常。他的理念来自广阔的天地，其中最重要的是高屋建瓴、高瞻远瞩的圣塔菲研究所。这家非营利、多学科的智库坐落在一座海拔 7000 多英尺⊖的小山上，阳光充足，俯瞰着历史悠久的圣塔菲城。圣塔菲研究所倾尽资源，用于探索复杂适应性系统。对于这些抽象的概念，米勒可以去圣塔菲研究所谈笑风生，这么说一点儿也不为过。"比尔来到这里，吸收一些科学思想，并用它们来测试自己的思维方式。"布莱恩·阿瑟解释说。[7]

## 物理学的介入

1987 年，就在股市崩盘之后不久，米勒读到了《纽约时报》科普作家詹姆斯·格莱克（James Gleick）关于混沌理论的一篇文章。这篇文章既向米勒介绍了圣塔菲研究所，也引起了他的思索：这样的研究是否与投资者有关。毕竟，与圣塔菲研究所的其他复杂系统研究一样，经济是一个具有许多局部规则和反馈循环的多元化环境。由于缺乏简单的因果模型，要想预测下个月或明年的市场走势无异于痴人说梦，更长时间的预测

---

⊖ 1 英尺 = 0.3048 米。

更是遥不可及。诚然,混沌理论承认在混沌的深处存在着某种秩序,但是,这种秩序可能隐藏得太深,难以找到并付诸实际应用。

5年后,时任花旗公司董事长的约翰·里德鼓励米勒去火箭科学家的大本营圣塔菲研究所考察一番。许多与圣塔菲研究所有关的人,也与附近的洛斯阿拉莫斯国家实验室(Los Alamos National Laboratory)有联系。原子弹就是在这家实验室研发出来的,高水平的核研究还在这里继续。在一座遍布杜松的山丘上,诺贝尔奖得主、物理学家默里·盖尔曼等圣塔菲研究所的学者悠闲地享受着美国西南部的阳光浴,滔滔不绝地讨论着混沌理论、群体理论,以及人类神经和免疫系统、自然生态和经济等适应性非线性网络事物等深奥的话题。

在圣塔菲研究所学习期间,米勒一头扎进了与他人漫长而激烈的讨论中。参与讨论的人包括商界领袖、经济学家、生物学家、物理学家,以及其他从事复杂性自然科学研究的学者。这些讨论的目的是鼓励一种可能为经济学注入新思想的交叉影响。正是在圣塔菲研究所研究复杂适应性系统的经历,促使米勒想到了纽扣、线和蚁群甚至冲积地形。

米勒投资风格的一个有趣之处在于,他在两种经济理论之间来回转换:其中之一是被广泛接受的新古典主义经济学(假设收益递减),另外一种是更有争议的新经济概念(包括收益递增和正向反馈)。

米勒与他在圣塔菲研究所遇到的一名知识分子精英——爱尔兰出生的布莱恩·阿瑟(第1章曾提及)交谈后,开始对后一种理论产生兴趣。阿瑟原先是一名科学家,后来转型成为一名经济学家,曾在斯坦福大学任教。阿瑟最广为人知的事迹可能是在应对微软的反垄断案件中,他向司法部的律师提供了专业的理论知识和专家意见。

正如下文证明的那样,阿瑟的思想可能极其抽象,但他的许多概念很容易应用于实际。爱尔兰的学术传统一向是百家争鸣的,也许是受此影响和熏陶,阿瑟背弃了科学家必须寻求确定性的观念。

## 确定性的丧失

无论阿瑟的想法基于什么,他发现了一个重要的趋势:"20世纪的科学发展史是一段不断丧失确定性的过程。许多在20世纪初被认为真实的、机械的、客观的、确定的事情,到了20世纪中叶,都变成了虚幻的、变幻莫测的、主观的、模糊的事情。20世纪初定义科学的要素——预测的能力、明确的主客体区别,到20世纪末已不再适合用来定义科学。发展后的科学不再单纯,发展后的科学走向成熟。"[8]

阿瑟驳斥了人们普遍持有的一种观点，即经济是一种可以机械地观察的对象。恰恰相反，他认为："经济本身源于我们的主观信念。根据演绎法，这些主观信念是事先不确定的。它们共同进化、上升、衰退、变化，相互强化，相互否定。主体和客体不能完全分开。因此，对经济表现出的行为，我们最好描述为有机的，而不是机械的。它不是一台秩序井然、硕大无朋的机器，它是有机的。在所有层面上，它都包含着不确定性。它从主观中来，又回到主观中去。"[9]（更多关于在错误假设主题出现时的内容，我们将在本章后面详细讨论。）

阿瑟选择住在加利福尼亚州的硅谷，因为那里是未来派思想的温床，他在复杂性和适应性非线性网络等正在发展的科学方面给予米勒指导。阿瑟解释说，非线性网络的本质，并不仅仅表现为刺激和反应，还表现为预期。例如，在经济体系中，参与者形成预期，他们构建自己的经济模型，并根据模型产生的预期采取行动。[10] 正是参与者的预期，导致事件发生。

阿瑟解释说，股票市场的行为方式与此完全一致，股票的价格瞬息万变。阿瑟写道："经纪人（投资者）扮演着市场统计员的角色。他们不断地生成期望模型（对市场价格变动的解释）并通过交易来检验这些模型。如果不成功，他们就将丢弃这个模型，或者替以新的模型。因此，市场的期望是内生的，它们不断地变化，以适应它们共同创造的市场。"[11]

简而言之，人们确定股票市场的预期，然后采取相应的行动。如果有足够多的投资者给出同样的预期，他们就会在某一价位上买卖股票，从而影响某只股票的价格。总而言之，它们会推动市场整体走向上涨或下跌。当预期是中立或平分秋色的时候，股价或市场整体保持横盘。麻省理工学院经济学家保罗·克鲁格曼曾提出，亚当·斯密的"看不见的手"与处于不断适应状态的经济完全一致。经济体系中的成员试图满足他们个人的物质需求，与其他成员一起交易，共同创造了一个市场。

## 股票市场里的"蜂群"

我们来介绍一下蜂群理论。格雷厄姆指出，被错误定价的股票，无论它们是被高估还是低估，最终都会以某种神秘而无法解释的方式回归内在价值。有鉴于此，一些经济学家认为，股票市场遵循蜂群理论。股票市场就像一群蜜蜂，虽然每只蜜蜂可能看起来是在漫无目的地嗡嗡乱飞，但它实际上是蜂群的一部分。蜂群本身具有智能，知道食物在哪里，并知道如何通过最有效的路径，将食物运回蜂巢。

"观察复杂的智能行为是如何在没有任何计划或统一协调的情况下，从简单的规则和大量的交互中产生的，这简直让人叹为观止。受群居昆虫启发的算法，可以应用于许多学科。"

美国作家伯特兰·杜沙姆（Bertrand Ducharme）阐述道。[12]

埃里克·博纳博（Eric Bonabeau）是研究群体智能的先驱之一，他解释道："忘掉集中和控制，忘掉程序设计，忘掉无所不知的大型计算机，想想蜂巢或蚁丘。群居昆虫群落不是由中央控制的，它们由成千上万的昆虫组成，但它们的认知能力有限。单独一只昆虫不能做很多事情，但集体群居的昆虫却能成就大事——筑巢、觅食、照顾幼虫、分配劳力等。群居昆虫的集体智能，即群体智能，为计算提供了一个强大的新工具。"[13]

"当世界变得如此复杂的时候，"他继续说，"没有一个单独的个体能理解它。当信息（而不是信息的匮乏）威胁着我们的生命时，当用户不再能够掌握不断膨胀的软件时，群体智能为设计计算系统提供了另一种选择。在集群中，自治应急和分工运作取代了控制、预编程序和集中。"[14]

股票市场正如群体智能一样，最好的想法会不断强化，其他的想法会销声匿迹。

谈到昆虫，这里不妨多讲两句。丹麦分子生物学家耶斯佩尔·霍夫梅耶（Jesper Hoffmeyer）解释说，当白蚁开始筑巢时，会发生一系列特定事件。"第一，数以百计的白蚁随机地四处移动，它们有一种特殊的习性，就是把咀嚼过的小泥球扔到稍稍高一点的地方。尽管这种活动具有自发的性质，但它带来的结果是，会形成含有唾液的土堆。第二，这些土堆被白蚁视为释放新习性的信号。每当一只白蚁遇到一个土堆，它就开始在上面积极地建造土球。这种活动的效果显著，很快就会形成一个垂直的圆柱。当圆柱达到某一特定的高度时，活动就停止了。第三，如果圆柱周围没有比邻而居的圆柱，白蚁就会完全停止折腾。但如果在一定的距离范围内，有一个或多个圆柱，白蚁就会释放出第三种习性。白蚁会爬上圆柱，开始向邻近的圆柱搭建。这样，圆柱与圆柱之间，就通过拱门连接起来了。"[15]

## 一个具有实用价值的概念

在与米勒的交谈中，阿瑟谈到了他钟爱的一项进化经济学原则，叫作"收益递增"，这是一种积极的反馈：任何前进的事物，都有进一步前进的趋势；而如果落后了，就会进一步落后。这与古典经济学概念"收益递减"是孪生的，或者可能是相反的。

阿瑟声称，大约在 100 年前，经济学家就已经对收益递增理论有所察觉。像阿尔弗雷德·马歇尔（Alfred Marshall）这样杰出的经济思想家提出了这样一个问题：经济单位随着扩张和成熟，会获得越来越大的市场份额，如果不是收益递减而是获得更大优势，那么会怎么样？但在很长一段时间内，收益递增的可能性似乎很容易被忽视。阿瑟回忆说，20 世纪 70 年代，当他还在校攻读经济学研究生的时候，学术界对收益递增的厌恶之情达到了顶峰。"我们学到的所有经济学结论都像咒语一般，似乎在说这就是真理。"阿瑟写道，"假设存在一条满足条件的凸函数，也就是说，边际收益递减，那么我很好奇的是，当边际收益递增时会发生什么，但我的教授似乎都对这个问题不感兴趣，也不愿意回答这个问题。"[16]

不过，这个想法仍然激起了阿瑟的兴趣。终于，他开始发现收益递增和技术经济学之间的联系："经济学中的标准技术问题，是要弄清楚在什么经济环境下，一种新的先进技术可能会取代旧的落后技术，以及这个过程可能需要多长时间。但是我通过本科的工程学学习（阿瑟是北爱尔兰贝尔法斯特女王大学的本科生，并在加州大学伯克利分校攻读研究生）意识到，一项新技术通常会有几个不同的版本或设计格式。因此，如果一项新技术要取代一项旧技术，对于新技术的采用者来说，这些备用的新技术之间是相互竞争的关系。此外，由于学习效应的存在，似乎任何在采用上有积累的领先版本都会获得先发优势。因此，由于历史的机遇，采用过程可以锁定那些起步良好的技术版本。显然，这一'竞争－技术问题'是收益递增最为典型、最为出色的表现之一，而且它似乎很符合我正在尝试开发的方法。"[17]

直到20世纪80年代中期，大多数经济学家对经济可以建立在收益递增基础上的观点仍然持怀疑态度。然而，当范式转变发生时，它来势汹汹，收益递增现在被认为是国际贸易理论、技术经济学、产业组织学、宏观经济学、区域经济学、增长理论、经济发展和政治经济学的核心。

## 平行的世界

今天，收益递减和收益递增被认为是并行不悖的。在收益递减适用的经济领域，有许多公司，它们倾向于共享市场。随着一家公司发展壮大，它会变得越来越举步维艰。阿瑟说："所以，你会被束缚在市场的平衡点，市场高度稳定，波澜不惊。在这样的市场上，你不会听说比尔·盖茨刚刚收购了一家钢铁公司，而这家公司即将攫取美国所有的钢铁生意；或者某人开了一家木材公司，5年后进行了首次公开募股，现在此人的身家已经达到5亿美元。这可不像网景公司（Netscape）。"[18]

阿瑟写到，在收益递减的环境中，"经济行为最终会产生负向反馈，导致价格和市场份额达到可以预测的均衡点。负向反馈往往会促进经济稳定，因为任何重大变化都会被它们产生的反应抵消。20世纪70年代，油价高企，鼓励了节约能源和增加石油勘探，导致了可以预见的油价下跌（发生在20世纪80年代）。根据传统理论，均衡标志着在现有约束条件下可能出现的'最优'结果：资源最有效率地被利用和分配"[19]

## 收益递增还是收益递减

"在收益递减的市场中,你越通过增加你的市场份额或扩大你的市场规模来取得领先,越会导致成本的增加或利润的降低,越会快速陷入困境。"阿瑟说道。[20] 例如,石油公司规模越大,寻找到的油田就越远,勘探和运输成本就越高。矿业公司也是如此。

那些属于基础能源领域的经济部门,如农业、大宗商品生产、木材工业等,在很大程度上仍然受到收益递减的影响,传统经济学在这里占主导地位。在知识型经济中,收益递增占主导地位。计算机、制药、导弹、飞机、汽车、软件、电信设备和光纤等产品的设计和制造都很复杂,需要在研究、开发和加工方面进行大量的初始投资。可一旦开始销售,增量产品的成本就相对较低了。例如,一款新的机身或飞机引擎,其设计、开发、认证和投入生产的成本通常是 20 亿~ 30 亿美元。然而,随后每一款复制的成本约为 5000 万~ 1 亿美元。单位成本下降,而随着单位数量的增加,利润增加。[21]

"伟大的维多利亚时代经济学家、当今传统经济学的创始人之一阿尔弗雷德·马歇尔不会对录像机(VCR)市场的变革感到惊讶。"阿瑟表示,"马歇尔在 1890 年出版的《经济学原理》(*Principles of Economics*)一书中指出,如果公司的生产成本随着市场份额的增加而下降,一家较早获得较高市场份额的幸运的公司就能够打败竞争对手。'无论是哪家获得先发优势的公司'都会垄断市场。然而,马歇尔并没有持续追踪这一研究成果,且之后近百年,理论经济学界也在很大程度上忽视了这一研究成果。"[22]

随着家用录像电影放映市场的发展,Beta 制式和 VHS 制式的录像机之间出现了竞争。Beta 制式的录像机被认为是高档产品,也是专业人士最常使用的产品。然而,VHS 制式的录像机在销售上走在了前面,并占据了主导地位,至少在一段时间内是这样。而如今,Beta 制式和 VHS 制式的录像机技术都被 DVD 技术取代。

二流技术有时会盛行,这可能会让人感到沮丧,但也不全是坏事。阿瑟说,事实上,收益递增是个好消息。"收益递减使得哲学家托马斯·卡莱尔(Thomas Carlyle)称经济学是一门沉闷的科学。收益递增也许会使经济学成为一门令人愉悦的科学。"[23]

有些公司的经营环境既有收益递增,也有收益递减,如 IBM 和惠普。两家公司都从事高科技产品研发,以及旧经济型的产品和设备制造。虽然 IBM 生产软件、网络系统和其他新经济型产品,但是它的计算机业务类似于旧经济型商品。惠普的绘图仪、扫描仪和其他很多产品,都是新老经济产品的混合体。在这些产品当中,有的基于软件开发(更有可能遵循收益递增的原则），有的则基于硬件制造（更有可能遵循收益递减的原则）。

在高科技领域，有若干条件会导致天平向收益递增倾斜，有三个条件——成本优势、网络效应和用户习惯，可以锁定用户。

## 成本优势

新技术产品与低技术含量产品不同，它们非常复杂。它们的前期成本高昂，但复制成本低廉。

举个应景的例子：微软 Windows 的设计成本极高。这个项目需要极高水平的专业知识和大量的时间，导致研发成本高企。Windows 95 的第一个磁盘耗费的成本约为 2.5 亿美元，但是第二个和所有后续的磁盘平均只需要几美分的成本。纵观产品的整个生命周期，消耗的磁盘越多，单位成本就越低。因此，微软 Windows 的市场规模越大，其成本优势就越明显，比尔·盖茨也就越有可能摘得世界首富的桂冠。

不只是单位成本下降，产量增加还带来了其他好处。推出更多的产品，意味着这家公司在制造过程中获得了更多的经验，并对如何让后续产品更便宜有了更深刻的理解。此外，在一种产品或技术上获得的经验，可以为开发类似或相关技术的新产品铺平道路。例如，日本利用对精密仪器的原始投资，将其转化为生产各种消费电子产品的能力。从此以后，日本人成功进军了集成电路产业，保证了本国电子设备的自给自足。[24]

在一个收益递增的市场里，会发生一些有趣的、让人始料未及的事情。根据阿瑟的说法，"对于拥有潜在用户的'市场'而言，当两种或两种以上的收益递增技术展开'竞争'时，无关紧要的偶发事件可能会让其中一种技术获得最初的采用优势。然后，这项技术可能会比其他技术得到更大的改进，所以它可能会吸引更大比例的潜在用户。紧接着，它可能会得到进一步的采用和改进。因此，有可能出现这样的情况：一项技术偶然地获得了采用，确定了早期的领先地位，最终可能会'垄断'潜在用户市场，而其他技术则被市场拒之门外"。[25]

## 先发优势

由于管理层没有充分理解市场机制，企业丧失了优势地位——在商业世界里，这样的案例比比皆是。最广为人知的两个案例就是IBM和苹果公司，这两家公司都曾遭受过微软的沉重打击。

有一些公司技术并不总是最好的，但依靠"始创效应"（founder effects）锁定了先发优势，这样的案例也俯拾即是。早期优势效应的产生，大多是出于细枝末节的原因——关键竞争对手请了一周的病假，政府出台了一项不太重要的规定，抑或是一场导致业务暂停或放缓的狂风暴雨。小事、意外、巧合等对结果有重大影响，这被称为对初始条件的敏感依赖性。根据一些专家的说法，1906年发生的旧金山大地震，导致来自加利福尼亚的飞行试验者约翰·蒙哥马利（John Montgomery）输给了莱特兄弟。柯蒂键盘（QWERTY typewriter keyboard）、电气体系的交流电和直流电之争，以及20世纪五六十年代的核反应堆技术，都是广泛采用非最优技术的例子。在最后一个案例中，轻水反应堆主导了市场，因为它先于气冷反应堆被选择为核潜艇提供动力。

尽管在开发新产品的时间和资金上存在风险，但是先发优势可以带来网络效应。然而，在产品被用户锁定之前，它必须经过网络效应和用户习惯养成的阶段。

## 网络效应

产生网络效应的原因是，使用某种产品的人越多，其他人就越觉得有必要使用它，或者因为它的流行而被迫使用它。网络越大，消费者越有可能感到加入这张网络的压力。以微软的另一款产品——文字处理软件Word为例。许多使用文字处理软件的人声称，完美文书（WordPerfect）是一款更好的文字处理软件，它更好用。然而，Word是Windows系统自带的，而且很多计算机都免费安装它，所以它更常用。由于很多企业和个人都在使用Word，它们的客户和供应商也不得不使用它。网络效应产生了正向反馈，产品在市场中的存在感不断加强。

为了说明网络效应的重要性，最广为人知的案例莫过于电话的发展。当只有很少的人拥有电话时，电话就没有多大用处；但是，当更多的人拥有电话（或可以使用电子邮件的计算机）时，它就变得非常有用；当几乎每个人都拥有这款产品时，它就变得至关重要。

## 用户习惯养成

虽然用户习惯养成通常被视作单独的元素进行专题讨论，但是它代表了网络效应的下一个阶段。随着围绕产品开发的软件等衍生品越来越多，用户选择这款产品的倾向也越来越明显。对于这样的过程，我们称之为"用户习惯养成"。微软的系统自带免费软件Word，被安装到计算机的次数越多，人们对它的熟悉程度就越高；人们购买的Word兼容软件越多，就越需要升级到最新版本，然后就会有更多的软件需要更新。互联网语言Java就是如此。它的使用频率越高，需要把它安装到自己计算机上的人就越多。用户习惯的养成，为下一步锁定用户奠定了坚实的基础。

## 锁定用户

关于锁定现象,也许人们最耳熟能详的例子就是美国总统初选。一个候选人可能不是最合适的候选人,但如果他获得并保持了领先地位,就可以吸引到更多的竞选资金,获得最多版面的媒体报道,吸引一批期待他获胜的追随者,并很快锁定胜局。

"你看看这些垄断巨头。"阿瑟解释道,"在高科技领域,你会看到一些公司变得非常富有、现金充裕、买进其他公司、并购重组,等等。你不会在钢铁、木材、水泥、狗粮和玉米片等行业看到这些现象。这些行业可能也会有品牌知名的大型公司,但你会看到它们和高科技公司截然不同。"[26]

多年来,商学院信奉的教条是:成为市场上"第一个吃螃蟹的人"不是明智之举。应该让别人先行入场,先犯下所有的错误,然后我们再从容入场,从中吸取经验教训,后来居上。与之相生相伴的另一种假设是:在一个自由市场中,先进的技术将取得胜利。这两个原则经常在收益恒定或收益递减的情况下起作用。然而,在高科技的世界里,一项起步较早的技术可能会先行占领市场,导致新的、有潜力的后来者根本无法立足。最好的产品不一定总是最后的赢家。[27]

"认为市场总是精彩和完美的想法，"阿瑟说，"是一种意识形态上的右翼观点。人们并不奢望他们所有的朋友都是莫逆之交。人们走入婚姻的殿堂，有时得到的是美妙的时光，有时却是糟心的日子。能够锁定用户的产品，有时是最好的，有时候却不是。"[28]

无论是对于用户还是竞争对手来说，幸运的是，锁定期往往只会持续10年左右，直到一项全新的技术取而代之。事实上，在一个收益递增的环境中，有一种完全可以预测的模式。

## 立于危墙之下

阿瑟解释说："当一个市场刚刚起步时，会表现出不稳定性，如Java和ActiveX之争。在通常情况下，很难断言事态会怎样发展。但随着一方走得更远、获得更多优势并锁定市场，就会出现一段稳定期。然后市场会保持风平浪静，直到下一波的技术浪潮席卷而来。数码技术锁定微型计算机长达10年之久。但随后，智能终端和个人计算机取代了数码技术。这就是我不太担心市场锁定的原因之一。"[29]

阿瑟指出，在新经济时代，投资者面临的困难是存在大量内在的不稳定性和不确定性，尤其是在产品周期的早期。"有时，在存在市场竞争的情况下,某一方竞争者获得'市场成功'往往是累积或自我强化的结果。"阿瑟说,"我察觉到,每当我发现这类问题时,它们往往具有相似的性质。在通常情况下,会存在不止一个的长期均衡结果。最后得到的结果是事先无法预知的。它会被锁定,不一定是最有效的。它的'入选'往往取决于历史事件。如果说问题是对称的,那么结果通常是不对称的。"[30]

因此,商业战略必须远远超出常规的经营原则,包括降低成本、提高质量、发展核心竞争力,等等。商业游戏增加了一层新的复杂性,赢家可以占领巨大的市场份额,而输家几乎一无所有,即使它们的产品在技术上出类拔萃。阿瑟解释说:"基本上,这些策略就是你参加总统初选时会用到的策略。你要扩大市场份额,你要建立用户基础。如果你这样做了,就能锁定这个市场。"[31]

正是因为将这一目标牢记于心,太阳微系统公司(Sun Microsystems)免费向公众提供了 Java 语言。公司还成立了一个财团,出资 1 亿美元进行软件开发,用 Java 语言编写应用程序。结果就是,Java 一路所向披靡,势不可当。类似的事情也发生在美国在线、奇迹(Prodigy)和计算机在线(Compuserve)身上。奇迹最先进入网络服务市场,但美国在线紧随其后,推出了免费浏览器。很难评判哪家公司的服务最好,但美国在线逐渐占据上风,并最终收购了计算机在线,成为市场上的霸主。

## 无解之题——顺其自然

在旧经济中,人们相信,只要有问题,就一定有解决办法。在如高科技领域等收益递增的环境中,焦点转向动态系统,由过程而不是恒定的结果主导。没有什么问题有一成不变的标准答案。公司、管理者和企业家都在不停地前进、改变、调整和适应。那些陈旧的备用理论(逻辑分析和博弈论)很少能派上用场。考虑到未知数和变量之多,想用旧的认知方式来理解新经济,无异于痴人说梦。

## 另一个方面

并非所有人都认为新经济与旧经济的运行方式存在差异。一些经济学家难以接受稚气未脱的收益递增概念,主要是因为这些原则提倡多重均衡,以及几乎不可能预测的结果。

批评人士声称,路径依赖学派尚未拿出它需要的"确凿证据",证明市场锁定在明显较差的技术上。[32] 他们坚持认为,锁定只是标准化的另一种说法,这对标准化所在的行业和社会都有好处。只有一种灯泡插座,与其他人一样开在马路的同一边,使用标准的电池排列组,总是会更简便一些。

加利福尼亚大学伯克利分校的哈尔·瓦里安是世界上最具影响力的网络经济理论家之一。他对经济理论的任何转变都不以为然。相反，他指出，计算机和数据网络提供了比以往任何时候都要丰富的信息甚至创造了"信息经济"。但是，他断言："众所周知，信息一直是一种难以处理的商品。在某种程度上，计算机和高速网络使信息商品的买卖和分销问题变得更糟，而不是更好。"[33] 尽管如此，瓦里安仍认为，互联网电子商务必须遵守既定的经济规则。

"无视基本的经济规则，就要后果自负。技术会发生变化，经济的运行法则却不变。"瓦里安写道。[34]

此外，阿瑟也被一群自由主义者攻击了，他们指责阿瑟发表"异端邪说"——即自由市场不起作用。"我从没那么说过。"阿瑟辩解道，"我非常欣赏（自由）市场。"[35] 尽管他喜欢和热爱自由市场，但是他认为人们不应该那么天真。

"自由主义者在混淆概念，"阿瑟说，"因为我说的是'看不见的手'并不完美。确实，'看不见的手'有点关节炎。它很好，但还不够完美。我认为我们需要成长并认识到这一点。"[36] 有时候，锁定现象出现，劣质产品胜出，对此不必感到沮丧。特别是我们要意识到，经济学不是宗教，无须盲目信仰。经济学是一门科学，需要研究、理解，并不断提出质疑。

阿瑟强调，他希望看到，经济学这门有着 200 年历史的学科变得更像一门科学,这意味着它需要更关注现实。然而,米勒写道:"我们投资组合的表现,并不取决于我们能否正确应对宏观经济的起伏波动,而取决于我们对公司前景的理解,以及公司股价的折扣力度。"[37]

## 错误假设的危险

对传统主义者的撼动似乎还不够,阿瑟不遗余力地宣扬,经济理论(或任何科学规则)建立在严格的推论之上,而这些推论本身却建立在错误的假设之上,这是非常危险的状态。这种情况在其他科学领域时有发生,当它发生时,科学本身就会处于一种混乱的状态。物理学家埃尔温·薛定谔在他1954年出版的《自然与古希腊》(*Nature and the Greeks*)一书中写道:"伟大天才的发现,连同他们所犯的错误,往往会造成浩劫。"[38]

换句话说,"垃圾进,垃圾出"㊀(Garbage in, garbage out),人们很容易被错误的假设条件欺骗。"有人提出看似精美的理论,"阿瑟说,"但假设不太正确,然后他提出的理论被人们奉为真理。人们对推导过程争论不休,但很少有人对假设条件提出质疑。"[39]

阿瑟坚信,经济学已经被过时的框架束缚。他解释说:"在

---

㊀ 意为错误的前提不可能导出正确的结论。——译者注

我看来，经济学家们没有从深层次探究世界是如何运转的，以及决策实际上是如何做出的。如果某件事不符合'模型'，它就被认为是'个体行为'，意思是它是个特例，人们在某种程度上是行为异常的。这就好比把真实的经济行为看作是物理系统或化学系统中的杂质，这把事情搞得一团糟。"[40]

阿瑟说，这种理论与实践的脱节，与哲学家威廉·巴雷特（William Barrett）所称的技术幻觉有关，技术幻觉又与20世纪早期发展起来的一种现代主义形式——逻辑实证主义有关。它基于这样一种概念，即你可以选取任何科学学科（如哲学、逻辑学、语言学、数学、物理学或经济学）并将其归纳为一组公理，然后依据这些公理推导出你需要知道的问题。"换言之，"阿瑟说，"以逻辑基础为起点构建其余的结构。这是个好主意，但是……这是荒谬的。它从来没有真正起作用。它在任何领域都行不通，包括物理学。"[41]

## 理论并非现实生活

阿瑟相信，在经济学领域假定的那种理性——完美的、合乎逻辑的、演绎的理性，可能对解决理论问题有帮助，但在现实生活中却毫无用武之地。他认为，合乎理性的演绎推理"对人类行为的要求很高，事实上比通常所能提供的要高得多"。

作为一个系统，演绎推理在复杂的情况下会崩溃，这主要有两个方面的原因：首先，对超过一定程度的复杂性，我们的逻辑思维就会疲于应付。要知道和分析的东西实在太多了。以跳棋游戏和更复杂的棋牌游戏为例，在玩跳棋的时候，依靠演绎推理可能很容易获胜，但如果玩国际象棋、西洋双陆棋或桥牌，就变得异常困难。随着复杂性的增加，演绎推理变得更加难以把握。其次，正如我们在复杂的情况下无法保持完全理性一样，我们也不能指望其他玩家也保持理性。我们不得不去揣测他们的行为。共享的假设不再适用，因此，人们很自然地转向归纳推理。

阿瑟解释说，归纳推理引导我们走向正确的方向，因为"我们非常善于观察、识别或匹配模式。这些行为带来了明显的、能促进发展的好处。为了应对复杂的难题，我们寻找模式，然后通过各种模式来构造模型并简化问题"。[42]

经济学家一直不愿意将归纳推理视为一种科学方法。但阿瑟认为，简单的模型"使我们能够应对不确定性。当我们缺乏充分的定义时，我们现有的模型填补了这一空白"。[43]

**"那里拥挤不堪，以后再也没有人去了。"**
　　　　　　　　　　　　　　——约吉·贝拉

为了进一步说明错误假设的缺陷，阿瑟创建了著名的"酒吧问题"（Bar Problem），亦称"埃尔·法罗尔难题"（El Farol Example）。在这则案例中，阿瑟试图预测有多少人会在星期四晚上出现在圣塔菲时髦的埃尔·法罗尔酒吧，欣赏爱尔兰音乐。如果一个人在更早的时候去酒吧，而那里太拥挤的话，就会让人感到不舒服，那么他近期就不太可能再去。但如果在他第一次去酒吧的那天晚上，酒吧的接待人数处于理想的水平，他和其他顾客就可能再去。只有当顾客不再去酒吧，酒吧接待的顾客人数达到理想的平衡点或以下的时候，过度拥挤的情况才会得到缓解。这种"数字的动态变化"适用于各种经济形势。当然，它也适用于美国在线，因为这家互联网接入服务提供商增加客户的速度比增加客户服务的速度要快，尽管美国在线最终能够满足客户的需求。[44]

米勒也谈到了错误假设的问题，并将其与他的证券分析技术联系起来。他告诫投资者要提高警惕。

米勒说："太多的人表现不佳，是因为他们的资金管理方式毫无意义。换而言之，他们试图预测那些不可预知的变量。没有人能够预测利率或 GDP。那些把投资组合建立在预测基础上的人，本质上是在某些容易产生巨大误差的要素上押注。"[45]

关于米勒是如何避免这类错误的，详见第3章。在第3章，我们还将了解过去对米勒投资思想产生过重大影响的投资者。

## 圣塔菲风格的经济学

圣塔菲研究所富有远见的科学家提出了经济运行的四大特点,值得今天的投资者注意。

1. 相互作用是分散的。经济中一件事情的发生基于许多个体的相互作用,所有个体同时在起作用。每个个体都在预测其他个体的行为,并根据其他个体的预期行为做出自己的决策。

2. 不存在全球经济的控制者。尽管确实存在多层次的法律和管理机构,但是没有一个实体已经或能够控制整个经济。相反,个体之间的竞争与合作产生了控制权。

3. 经济不断适应新环境。随着新的战略、行动、产品、服务、参与者和行为结果的出现,经济不断发生变化。在一个持续的动态系统中,个体会根据新事物改变自己的行为,反过来促使其他个体适应新变化。

4. 经济很少甚至从来没有达到过均衡状态。古典经济学家认为,当变化发生时,经济会自动寻求均衡。由于经济不断变化的特性,现在看来,均衡仅仅是一种理想但抽象的状态。[46]

| 第 3 章 |

## THE MAN WHO BEATS THE S&P

# 估值的艺术

当你走到岔路口时,不要犹豫。

——约吉·贝拉

当比尔·米勒偶然发现股市的时候，他还是个朝气蓬勃、精力充沛的9岁孩子，靠修剪草坪赚取零花钱。在佛罗里达太阳的暴晒下，米勒汗流浃背地工作了一段时间，才得到了不到1美元的报酬。米勒的父亲曾当过一段时间的棒球教练，但他人生的大部分时间都在一家货运公司担任销售主管。一天他正在读报纸上的金融资讯，米勒回忆道："我父亲读的刊物看起来不像是漫画或者体育新闻，于是我就问他在读什么。"米勒的父亲指向股票行情列表的一栏，上面清楚地写着'+1/4'的字样，然后他说："如果你昨天持有这家公司的股票，今天就会比昨天多赚25美分。"米勒问道："这是怎么做到的？"父亲回答说："什么都不需要做，它是自动发生的。"

"对我而言，与仅仅为了挣1美元而忍受的辛苦相比，这听起来很容易。"米勒说。高中时，他读到了人生中的第一本投资书籍《我如何在股市赚了200万》（*How I Made $200 Million in the Stock Market*），这本书的作者是一名舞蹈演员，后来成了分析股票图表的专家，这进一步激发了米勒对投资的兴趣。16岁时，米勒用当棒球裁判员赚来的75美元买了第一只股票。他把这75美元投资于美国无线电公司（RCA），赚了大约600美元。随后，他转手就把这些钱挥霍在了一辆二手的凯旋TR4敞篷跑车上。后来，当他开启主动管理的职业生涯，并靠提供高于指数基金投资者的净回报率（扣除费用和税后）来谋生时，他意识到了一个新的现实："从那以后，我明白了在市场上获得回报很容易，但是，你也许做了很多工作，却可能仍然无法超越市场平均水平。"

## 与价值相结合

度过了修剪草坪的少年时代，米勒成为华盛顿与李大学经济学专业的本科生。在那里，他接触到了价值投资和本杰明·格雷厄姆的思想。"一旦有人向你阐释了价值投资的理念，你要么很快理解，要么永不理解。"他说。米勒属于前者。"我觉得价值投资的理念甚合我意，它很有趣。"后来，米勒开始熟读约翰·伯尔·威廉姆斯的著作，这为他提供了价值分析基础之上的另一层分析方法。但基本上，他仍然被价值投资哲学吸引，因为它需要缜密的思考和严格的执行力，尽管最终他对格雷厄姆的思想有了自己独到的见解。

---

**如何计算终值，现值，或投资回报率**

利用德州仪器公司（Texas Instruments）制造的 BA-35 型太阳能金融计算器，计算折现后的现值变得更加容易。给定一项投资的预期回报率、持有投资资产的年数和现值，就可以计算出这项投资的终值；给定期望的终值，可以计算现值；给定现值和终值，可以计算出要求的回报率。

涉及的计算器按键有：$PV$（现值）、$FV$（终值）、$N$（持有投资资产的年限）、$\%i$（回报率）和 $CPT$（计算）。

举个例子。一项投资的现值为1000美元，回报率是8%，持有投资资产的年限为10年，你可以按照如下步骤计算终值：输入 1000 美元 $= PV$，$10 = N$，$8 = \%i$，再按 $CPT$ 键，然后按 $FV$ 键，计算器将显示终值为 2159 美元。

反过来，也可以根据终值来计算现值：输入 2159 美元 $= FV$，$8 = \%i$，$10 = N$，再按 $CPT$ 键，然后按 $PV$ 键，计算器将显示现值为 1000 美元。

**约翰·伯尔·威廉姆斯公式：**

$$V_0 = \sum_{t=1}^{t=\infty} \pi_t v^t = \pi_1 v + \pi_2 v^2 + \pi_3 v^3 + \cdots \quad (3\text{-}1)$$

式中 $V_0 =$ 初始的投资价值

$\pi_t =$ 第 $t$ 年的股息

$v = \dfrac{1}{1+i}$，根据定义，$i =$ 投资者预期回报率

对于债券来说，

$$V_0 = \sum_{t=1}^{t=n} \pi_t v^t + Cv^n \quad (3\text{-}2)$$

式中 $\pi_t =$ 第 $t$ 年的息票

$C =$ 债券票面价值或本金

$n =$ 到期年限

## 本杰明·格雷厄姆——价值投资的开山鼻祖

本杰明·格雷厄姆逝世于1976年，他是一位头脑冷静的学院派。与米勒一样，格雷厄姆在学生时代也系统学习过哲学、数学和科学。在华尔街，格雷厄姆经营着一家名为格雷厄姆·纽曼（Graham Newman）的投资公司。几十年来，他一直在哥伦比亚大学教授研究生课程，在那里他培养了许多20世纪最重要的投资者，包括沃伦·巴菲特。闲暇之余，格雷厄姆热衷于著书立说。直到今天，他写的书仍和50多年前首次出版时一样畅销。因为格雷厄姆写出了经典著作《证券分析》(*Security Analysis*) 和《聪明的投资者》(*The Intelligent Investor*)，所以他被大多数金融历史学家誉为"价值投资之父"。大多数人认为，格雷厄姆是一个试图以低于公司资产价值的价格购买股票的投资者。这样一来，即使公司破产，公司的有形资产被出售，他至少也可以拿回他的本钱。诚然，在1929年股市崩盘后的几十年里，有大量的廉价股票无人问津，格雷厄姆做了很多此类的投资。尽管这样的投资方式享有很大的安全边际，但是格雷厄姆的投资风格远不只是买便宜的股票这么简单。

那些对格雷厄姆有深入研究的人很快就会发现，他对投资界的根本贡献在于，他为投资这门艺术注入了清晰的逻辑和理性。当1914年格雷厄姆在华尔街开启职业生涯时,他意识到,在通常情况下,大众的投资决策要么是在推销员的大力鼓吹下做出的,要么是在被过度乐观或悲观的情绪笼罩时做出的。格雷厄姆通过收集事实、客观思考和合理分析,在行业里迅速脱颖而出。他认为,价格是你为一项资产付出的,而价值是你得到的。

格雷厄姆认为,所有的股票都有一个基本的内在价值。尽管一只股票的交易价格可能高于或低于它的实际价值,但是在某一时刻,价格总是会回归到内在价值。格雷厄姆致力于寻找廉价证券,就像一个买家可能会试图以最优惠的价格买到一辆车或一所房子,以便在以后出售时能够获利(或者至少避免赔本)一样。要想找到廉价股票或债券,投资者必须能够大体或近似地计算出其内在价值。格雷厄姆教导他的弟子们,要忽略个股的价格周期,也无须理会整个市场的股价波动。这些波动除了提供低买高卖的机会,对格雷厄姆几乎影响甚微。经济低迷带来了一篮子的廉价股票,牛市则提供了愿意为股票支付高价的买家。

遵循传统并通过接受专业训练,价值投资者已经仔细研究了利润表、资产负债表和其他历史资料,寻找有助于估算公司真正价值的线索。虽然格雷厄姆将公司作为一个整体来看待,并考虑其未来的盈利潜力,但是最终他还是把重点放在了债务水平、有形资产价值和市盈率等具有前瞻性的指标上。他对预测的未来收益持怀疑态度,尤其是管理层的预测,因为这些预测投机性太强,而且屡屡被证明是错误的。

所有这些真知灼见都深深吸引着米勒,他从价值投资的角度来看待投资,但对传统的价值投资并不做教条的理解。他认为,投资包括挖掘各种信息,并试图找出那些长期内上涨可能性最大的公司。正如格雷厄姆所说,即使是一只垃圾股,只要价格合适,也会有利可图。

"对商业价值的估算,"米勒指出,"受到大量不确定性的影响。这些不确定性包括但不限于经济增长等准确信息的可获得性、科学技术和竞争条件的变化、政府公共政策或地缘政治的动态变化,等等。我们在内在价值和股价之间建立起安全边际,并试图以这种方式将估值错误导致的潜在不利后果最小化。"[1]

米勒表示,他使用了包括定量分析和定性分析等在内的多种方法来达到这一目的。定量分析包括但不限于:

- ▸ 传统的估值工具,如市盈率、市净率、股价与现金流比率,既有历史数据,也有前瞻预测;
- ▸ 广泛的比较估值法,包括历史回顾、未来展望和基于当前场景的方法;
- ▸ 波动率,仅仅适用于允许他低买高卖的波动率;

- 贴现现金流（DCF）和自由现金流分析；
- 私人市场和清算价值分析。

定性分析包括但不限于：

- 研究公司的产品、战略和竞争定位；
- 分析产业经济和动态；
- 评估监管框架。

尽管米勒和他的同事用于进行必要计算的电子表格的大小不同，但是它们通常都有 15 列数据，占据 7 页共 350 行。"由于我们的投资组合高度集中，而且经常持有大量某家公司的股份，"马克·尼曼解释说，"我们需要高度的自信。我们建立了反映潜在经济现实的估值模型。"[2]

## 轻启一扇窗，开眼看世界

包括米勒在内的一些投资者意识到，在新千年的高科技经济浪潮中，格雷厄姆的教导可能并不完全有效。米勒说："价值投资者已经止步于有形资产型的公司，主要是一些制造业和自然资源类公司。但这些公司在经济和市场中所占的比重越来越小。如果你自己画地为牢，就会坐失良机。"[3]

此外，从本质上说，格雷厄姆的方法是趋于静态的。在一个基于知识革命和动态经济的世界里,并不总是能够实现顺利过渡。

米勒明白,有时候外部因素会影响估值。无论困惑来自何处,它都表明,投资者需要明白,底线是可以改变的,这取决于数字的排列组合方式。例如,在20世纪90年代初,一些公司被监管部门告知,必须将退休后的医疗保险福利计入资产负债表,并为它们计提费用。于是,通用汽车的每股账面价值从55美元下降到5美元。"今天是55美元,明天是5美元,市净率还有什么参考价值呢?"米勒反问道,"公司没有改变,只是会计准则变了。我们根据根本的经济事实来调整会计准则。"[4]

尽管存在缺陷和限制,米勒仍然认为传统的价值投资理论具有一定参考意义。他警告称:"你不能用过于简化的估值技术来代替分析和思考。"[5] 他接着说:"记住,我们应把估值法则看作路标,而不是路障。在一个动态的世界里,你不能仅仅指望静态的方法。"[6]

## 回顾过往

当米勒看到格雷厄姆最喜欢的指标时,他给予它们的权重可能要比其他价值型基金经理低。米勒解释说,在使用历史数据之前,投资者应该扪心自问,过去的表现与未来的收益和利润有多大的相关性。"如果你持有一家像美国钢铁（U.S. Steel）这样的公司，而且在它 1903 年成立的时候就买入了，你就会看到它有许多繁荣的年景。但它一直在缓慢下跌。交易员可能会（在股价下跌的时候）买入。可即使是要买入，投资者也必须认为它被过度低估了，或者其基本面发生了变化。"[7]

"从理论上来说，"米勒继续说，"使用历史资料和数据是有缺陷的。说到底，任何股权的价值 100% 都取决于未来，而不是过去。"[8]

因此，米勒有时会买入市盈率较高的股票，这在过去为价值投资者不喜。米勒表示，某家公司的市盈率很高，并不意味着它在市场上的定价没有严重错误。

除了回顾过往，米勒还说："市盈率本身是无关紧要的。它只是捕捉到的股票的一个因素，但通常与内在价值关系不大。下面，让我来阐述一下我的想法。6 个月前（1999 年 10 月），有人问我，明明是捷威更具有投资价值，为什么你持有的是戴尔呢？我反过来问他，你说的是什么意思？他说，捷威的市盈率是 12，戴尔的市盈率是 35，因此捷威显然具有更高的投资价值。我回答说，有两家公司供你选择。一家可以获得 200% 的投资回报，另一家只能获得 40% 的投资回报。你会选择哪一家？他说，第一家的利润率是第二家的 5 倍，当然是选择第一家啦！我说，你刚刚所说的，正是戴尔和捷威之间的差别。戴尔的资本回报率高达200%，捷威的资本回报率只有40%，而戴尔的市盈率仅仅是捷威的3倍。"[9]

戴尔的市盈率相对较高，是因为它的资本回报率较高，这得益于它作为业内低成本的领导者，建立了可持续的竞争优势。公司可以通过降价等方式，不断地给竞争对手施加压力。捷威也有类似的优势，但是因为它的销售额较小，所以它没有和戴尔同样的杠杆效应。

**难以捉摸的营收数据**

几乎所有的投资者，从他们开始学习投资之初，就被灌输要去研究营业收入。毫无疑问，营业收入可以作为投资研究的一个起点，但一些极有前途的公司，尤其是刚成立不久的公司，根本没有营业收入。此外，自会计制度建立以来，盈余操纵就一直如影随形。

20世纪80年代，随着EBITDA（税息折旧及摊销前利润，一种预测财务报告的早期形式）的不断攀升，出现了新一波的"创造性会计"浪潮。20世纪90年代，公司将EBITDA提高到了新的水平，使用激进的财务诡计来促成销售收入和营业利润的持续增长，并借此推高股价。2000年及以后，市场暴跌，会计扭曲的现象变得更加严重。

虽然美国证券交易委员会（Securities and Exchange Commission，SEC）要求采用一般公认会计原则（Generally Accepted Accounting Principles，GAAP）作为会计准则，但是许多公司（包括许多声誉良好的公司）都会提供预测盈利数据，以公司高管喜欢的方式讲述他们的财务故事。一些基金经理（如比尔·米勒）和CEO（如沃伦·巴菲特）认为，GAAP并不总能反映出公司的真实财务情况，因此，研究一种替代方案是有一定价值的。问题是，每家公司都按照自己的意愿来调整预测盈利数据，会使得比较相同或相似行业的公司变得异常困难。实际上，需要一位会计师来对财务预测程序做出说明，以确定它们是可靠的还是骗人的。这涉及一个问题，那就是金融服务机构提供财务报告的有效性。

例如，2001年1月24日，电信巨头奎斯特通信公司（Qwest Communications International Inc.）发布了一份新闻稿，声称公司的季度EBITDA为20亿美元。两周后，股东拿到了公司的年度报告，并在一则附注中看到，根据GAAP会计准则，奎斯特实际亏损了1.16亿美元。奎斯特声称，对收购美国西部公司（U.S. West Inc.）事宜进行的会计调整，导致了这一极端变化。[10]

一些会计师把预测盈利结果称为"EBS盈余"——除了坏消息，什么都有（Everything but bad stuff）。在最糟糕的情况下，预测会计会使用各种手段来粉饰公司的财务状况，其中包括：

- 在收益不佳的年份，提前进行大规模的冲销，以便使随后的复苏看起来更强劲；
- 为客户提供方便、大方的融资以促进销售，即使客户的信用能力存在问题；
- 改变员工养老金计划以降低运营成本，尽管有时这是一件好事；
- 将尚未发生的销售额入账，就好像已经发生了，以便使销售收入看起来更高；
- 不记录未来的回扣或潜在的退货；
- 通过向大客户赠予公司股票或发行廉价权证来促进销售。

这些方法使销售增长看起来更强劲，从而刺激股价走强。这些财务诡计的神奇之处在于，它们采取了一种基本合理、站得住脚的商业做法，并将其发挥到了极致。虽然专业分析师通常都能够看穿这些把戏，但是糟糕的是，缺乏经验的投资者可能会迷惑不已、举棋不定。实际上，2001年5月，《商业周刊》的一篇社论就曾抨击，预测盈利"对金融体系来说具有欺骗性且毫无根据，是彻头彻尾的危险行为"。[11]

同年春天，在美国证券交易委员会总会计师林恩·E.特纳（Lynn E. Turner）的敦促下，一个首席财务官联盟——美国国际财务执行官组织（Financial Executives International）发布了一项旨在控制滥用预测会计的指导方针。由格雷厄姆和他的同事发起成立的纽约证券分析师协会（New York Society of Securities Analysts）也基于同样的目的，组织了一个讨论组，聚焦于亚马逊公布财报的形式。纽约证券分析师协会希望以亚马逊为典型案例，让企业回归"基于现实的"报告。

## 约翰·伯尔·威廉姆斯

混淆销售收入的手段有很多。不过，正如约翰·伯尔·威廉姆斯所说，销售收入并不是财务分析的关键和全部。他指出，销售收入只是达到经营目标的一种手段，而这种手段不应与经营目标混为一谈。因此，必须指出的是，股票的价值来自股息，而不是销售收入。简而言之，一只股票的价值取决于你能从中得到什么。就像农夫对儿子说的那样：

> 奶牛的价值在于牛奶，
> 母鸡的价值在于鸡蛋，
> 而股票的价值，
> 当然在于股息。
> 果园的价值在于水果，

蜜蜂的价值在于蜂蜜，

而股票的价值，

当然在于股息。

威廉姆斯强调："农夫知道牛奶和蜂蜜从何而来，他没有让他的儿子为了反刍去买一头奶牛，为了嗡鸣去买一群蜜蜂。他断然不会犯下这样的错误。"[12]

米勒并没有全盘吸收阿瑟等未来主义经济学家的观点和想法，他也深受威廉姆斯的影响。威廉姆斯的理论更加系统，他的著作《投资价值理论》(*The Theory of Investment Value*) 一书于1938年由哈佛大学出版社首次公开出版，在当时可谓是开价值投资之先河。难怪像米勒这样的高级知识分子也对威廉姆斯的著作赞赏有加。威廉姆斯在这本书的序言里宣称，他的首要目标是"概述一门新的科学分支，即所谓的投资价值理论。这个理论包括诸如垄断理论、货币理论和国际贸易理论等一系列有机联系起来的经济学理论"。[13]

在这本开山之作里，威廉姆斯谈到的主题包括长期和短期利率、流动性、不确定性和风险、投资回报率的未来、通货膨胀的可能性、市场如何形成股价、实体和证券价格之间的关系以及税收的影响。与同时代的格雷厄姆几乎持有相同的理念，他解释道："如果一个人以低于投资价值的价格买入股票，即使股票的价格立刻下跌,他也绝不会遭受损失,因为他仍然可以靠持有股票获得收益,并取得高于市场平均水平的回报;但如果他以高于投资价值的价格买入股票,他避免亏损的唯一途径就是寄希望于卖给别人。"[14]

威廉姆斯的书专业性很强(事实上,甚至过于专业了),还涉及相当多的数学知识,有些只适用于特定股票的估值。威廉姆斯认识到数学是一门专题,他写道:"我们不认为数学分析方法有缺陷,也不认为数学是严谨的学生可以忽视的推理方法。恰恰相反!事实上,数学分析方法是一种强大的新型工具,它的运用有望带来投资分析的显著进步。"[15]

根据威廉姆斯的思维方式,"估值取决于股价和企业在预期时间内所产生自由现金流的现值之间的关系"。他在书中还引入了股息贴现模型,并将价值定义为"未来现金流的贴现值"。

大多数同时代的投资者,包括巴菲特在内,都采用了股息贴现模型作为估值的基础。威廉姆斯认为,股票的投资价值取决于股票所能支付的股息之和的现值,这一观点成为当代投资理论的基石。对于"股息",你可以在脑海里将其想象成在一笔在报告期末获得的现金,这些现金可以用来作为股利分配给股东、偿还债务、进一步发展业务或收购其他业务。

当涉及债券或其他债务工具时,威廉姆斯将投资价值定义为未来息票和本金之和的现值。无论是股票还是债券，都必须根据货币购买力的预期变化调整通货膨胀的影响。然后，投资者需要考虑自身可以接受的最低风险利率。

## 贴现

许多专业投资者都使用贴现现金流模型来确定在当前盈利能力下应该支付的合适的价格，米勒也是其中一员。贴现现金流模型允许投资者输入证券的未来收益、贴现率和涉及的时间期限，从而得出现值或内在价值。

为了得到想要的数字，米勒估计了未来的现金流，并将其折算成现值。在这个过程中，最棘手的是如何确定未来现金流的一致性和稳定性。米勒使用的贴现率取决于被评估公司的类型。公司发展越快，他使用的贴现率就越高。在分析美国在线时，米勒使用了高达30%的贴现率，这是一个非常宽松的标准，大约是他用于缓慢增长型公司的3倍。更高的贴现率保证了一向重要的安全边际。

巴菲特青睐现金流稳定的公司。从这个角度讲，米勒与沃伦·巴菲特很类似。巴菲特对可口可乐和吉列等公司感到放心，因为随着时间的推移，它们的现金流大概率是稳定和可预测的。可口可乐和吉列都占据着行业主导地位，可以对自己的产品定价，这让巴菲特对公司保持强劲且持续的现金流更有信心。

相比于市盈率等一些简单的估值工具或者简单地查看过去的收益趋势，计算贴现现金流需要做更多的工作。对于未来增长和利率等变量将如何影响股票价值，贴现现金流模型勾勒出了更为清晰的路线图。一些投资者利用现金流折现得到了另一个推论，即通过代入当前股价来计算公司需要多快的增长速度，当前股价才是合理的。

贴现现金流模型是比较复杂的交易工具之一。现金流是公司通过各种可能的方式可以重新配置的资金，如果选择正确，这些方式就将为股东创造价值。这一概念已经演化了几十年，对于那些有着长期派息历史的公司来说，股息贴现模型就是其中之一。投资银行家使用类似的模型为参与并购的公司定价。

尽管各种模型有所差异，但是这些模型都在努力实现以下目标：评估增长率等因素，并预测边际利润，以估算一家公司未来能赚多少钱。贴现率通常取决于无风险利率、公司的资本成本和股票本身的风险。许多专业投资者使用彭博（Bloomberg）现成的模型，而像米勒这样的大师则建立了自己的模型。彭博的服务获得了众人的一致好评，但其每月的费用高达1600美元以上。有一些网站提供免费的金融资讯服务，这些网站都列在本书的附录C中。

## 展望未来

第一银行投资顾问公司（Banc One Investment Advisers）量化研究主管巴拉·伊耶（Bala Iyer）表示："从理论上讲，贴现现金流模型是一个完美的衡量标准。但它的问题在于在很大程度上依赖于前瞻性的预测，正因为如此，它很容易出错。"[16] 估值结果的质量取决于输入程序的数据的质量。

就连威廉姆斯本人也同意，评估未来的自由现金流会存在一些问题。他承认："这是一种高度主观和充满不确定性的做法。"[17] 不过，米勒问道，世间万物，哪有不容易出错的呢？凡事都有缺点。关键是要接受它的局限性，并在计算中给予充分考虑。

米勒也意识到，这是一道难题。解决问题的关键在于，尽量以低于内在价值的价格购买股票。从理论上讲，企业的内在价值就是其未来自由现金流的折现值。米勒也会为自己的分析寻找各种证据。他解释道："由于未来的自由现金流是未知的，因此必须在不同的情景假设下进行估计。我们采用多因素估值模型，使用的是历史估值指标，即从公司基本面和行业的角度考虑交易事宜。我们在寻找统计意义上的廉价股票。有很多因素会影响到整个过程。"[18]

贴现现金流模型的另一个问题是，它不适合短期投资决策——它关注的是长期价值。一个模型显示一只股票价值100美元，并不意味着这只股票会很快以这个价格交易。此外，只关注数字可能会导致投资者忽视一家有着良好商业前景的公司，因为数字可能会一直显示微软是一只估值过高的股票。贴现现金流是一个动态的指标，所以只要有利率方面或与股票本身相关的重大新闻，模型就需要重新调整和运行。

这里讲个经典案例。米勒曾经解释说，20世纪90年代末科技行业极度高估的原因之一在于，投资者愿意展望遥不可及的未来，并期待未来出现乐观的结果。这种好高骛远的偏好增加了风险。为了说明这一问题，米勒的助理莉萨·拉普阿诺举了一个例子：

XYZ公司是一家光纤网络提供商，一开始以25倍市盈率在股市中交易。考虑到公司的资本需求和现金流特征，假设它以25倍市盈率连续3年以25%的增长率增长，然后回归到12%的正常增长率。然而，光纤网络正经历着需求的爆发性增长。投资者很清楚，这家公司可以在未来5年以35%的速度增长，然后回落到12%的正常增长率。因此，基于未来前景的折现，公司的市盈率会上升到50。如果公司能在这段时间内实现增长，这将是一个合理的估值。然而，假设股价继续攀升，公司的市盈率达到150。为了让以150倍市盈率购买股票的投资者获得可以接受的回报，公司必须在更长的时期内（比如10年）以更快的速度增长。因此，投资者已经把预期年份的超额收益折现到了现在。如果投资者开始认为公司的增长前景不再如此长久，并且更高的增长率只会持续3年，那么，即使在对未来1年的预估收益没有任何改变的情况下，公司的市盈率也很容易下降到50～60。当发生这种情况时，股票下跌50%或更多是常有的事情。但是，从当前公司公布的业绩来看，似乎'没有发生任何改变'。[19]

那么，在研究技术趋势时，是否有可能规划出未来5年的情景呢？"不。"米勒说，"在5年的时间段内，最多只能对技术做出最模糊的概括。这些概括并不足以为特定的投资组合提供参考依据。"[20]

## 价值与经济

米勒的投资并没有专门考量宏观经济因素，但很明显，在他为股票评估设定的各种情景中，都能看到宏观经济的身影。米勒说，他非常关注市场和利率。黄金、石油和大宗商品价格是他观察潜在通胀压力迹象的一些指标。[21] 然而，他没有试图预测利率，而是研究当前的经济环境，并试图据此相应地调整自己的策略。米勒表示，这是估值过程中至关重要的一部分。"一个通胀率为7%的市场，其合理估值与一个通胀率为2%的市场是截然不同的。"[22]

米勒说，市场在方向上可能是正确的，但在截面上可能是低效的。"这意味着市场有时会对个别证券的价格做出错误的判断。换句话说，整个市场的定价是准确的，但个别股票的定价有时会出错。在同一个行业里，你可能会发现一家公司以某个价格出售股票，而另一家非常相似的公司却以截然不同的价格出售股票。"[23]

考虑到这种差异，在几乎所有价值信托基金写给股东的年度报告中，米勒都会援引奥地利"日常语言哲学家"路德维希·维特根斯坦的话："当我们思考世界的未来时，我们总是在脑海中想象着，如果它继续像我们现在看到的那样运动，它会到哪里。我们没有意识到，世界并不是呈线性运动的……它的方向不断发生着变化。"[24]

市场效率低下可能至少有两个方面的原因：投资者对消息的反应很情绪化，因此会犯错；投资者没有足够的信息来做出明智的决定。由于这些情况的存在，一些投资者和基金经理能够超越同行。

由于投资者对市场情绪有不同反应，价值投资通常会有起伏。在经历了 20 世纪 90 年代部分时期的糟糕表现后，价值投资在 2001 年突然复苏。当时，科技和互联网类股票的暴跌似乎在提醒投资者，计算机和互联网之外的世界依然强大且充满活力。尽管迎来了复苏，但是此前科技股的上涨已经让传统的价值投资者变得踌躇不前。没错，低技术制造业、金属制品行业等旧经济的股票仍有价值，但世界正在改变，技术和服务领域的快速创新将会持续下去。

## 滴水不漏

虽然比尔·米勒将股息贴现模型视作一个重要的估值工具，但是他也毫不犹豫地增加了其他技术工具。他的方法高度侧重于统计分析，而且没有任何一种分析方法优先于其他分析方法。米勒关注结果的分布，并总是会寻找一组表达一致意见的结果。作家罗伯特·哈格斯特朗将米勒的投资风格描述为魔方方法（Rubik's cube approach）。"他精力充沛，满怀激情，从每一个可能的角度、每一个可能的学科来检查每一个问题，尽可能对正在发生的事情做出最恰当精确的描述或复述。"[25]

米勒寻找的是那些价值在 5～10 年内被低估的公司，但他也寻找那些最值得买进的公司。如果他持有的股票的价格比其内在价值低 10%，然后他发现另一只股票的价格比其内在价值低 40%，那么更接近其内在价值的股票会被折扣更大的股票取代。在可预测的时间范围内，有 40% 折扣的股票给了他更大的风险调整后收益⊖。

米勒和他的同事竭尽所能，试图充分理解一家公司的真正价值。他们会与管理层、供应商、竞争者和分析师交谈。米勒说："因为我们是这些公司股票的长期持有者，不会因为一个季度萎靡不振或某段时间表现不佳而抛售股票，所以管理层在谈论长期业务战略和问题时，对我们往往比对其他股东或分析师更开放。"[26] 米勒负责的所有共同基金，都采用了这种深入的研究方法。

## 多因子估值法

在评估公司价值时，米勒表示：

> 我们使用的估值方法可以称为多因子估值法。这是一种很贴切的说法，意思是我们会尽一切可能来评估公司的价值。我们使用市盈率、市净率、股价与现金流比率，但我们会调整这些数字。[27]

---

⊖ 风险调整后收益是指将风险因素剔除以后的收益指标。常用的风险调整后收益指标包括夏普比率、特雷诺指数和詹森指数等。——译者注

我们试图找出历史参数,并据此进行横向分析。最重要的是,我们会对业务进行场景分析,并对各种场景下企业5～10年的现金流出做出预测。一种场景是,保持当前的增长速度;一种场景是,未来变得更糟糕;还有一种场景是,未来变得更优秀。然后,我们会试图找出所谓的'商业价值集中趋势'。每个场景分析都会给出一个不同的数字,然后我们会观察这些数字是如何分布的。如果它们产生了聚集现象,我们对特定的估值区间就会有相当充分的信心。[28]

对于美国在线或亚马逊等新公司,我们将使用不同的存续年限、增长率和贴现率进行多种场景下的计算,以了解不同结果下的风险收益比。我们还将对具有类似商业模式的公司进行比较分析。(格雷厄姆在他的书里和课堂上,也做了类似的事情。他通过比较两三家商业竞争对手的财务数据和经营状况,最后确定最佳的买入对象。)但是,对比较模型的假设和分析至关重要。[29]

米勒是如何评价没有营业收入和利润的互联网公司的呢?他仍然使用了多因子和多场景分析,然而"我们无法对这些公司进行估值,因为我们不清楚它们长期的商业模式是什么"。[30]

尽管米勒表示,他的估值过程并没有"过于数学化",但是它确实严重依赖数字,因为所有企业都是依靠数学来量化的。米勒说,除了数字,没有其他方法可以用来衡量盈利能力。

## 数学分析并非投资"圣杯"

米勒意识到,在进行预测时,差之毫厘谬以千里,因此仅仅使用公式化的方法是远远不够的。这时,研究技术对社会的影响、研究复杂系统、拜访公司 CEO 并提问(尤其是有关资本配置的问题),都对投资大有裨益。基于上述原因,米勒考虑了数学以外的因素。米勒说,他投资的最成功的股票有以下共同点。

- ▶ 它们的估值往往较低,而且由于一些主观或现实的问题,它们的股价正从此前的高点大幅下跌。在理想的情况下,它们面临的问题都是暂时的,并且可以自我修正。
- ▶ 它们是所在行业的霸主。这种霸主地位通常会赋予公司产品或公司名称"特许经营权价值"。哥伦比亚大学金融与资产管理系教授布鲁斯·C. N. 格林沃尔德(Bruce C. N. Greenwald)表示,"特许经营权价值"估价法与价值框架相得益彰。"任何一家拥有强大特许经营权的服务业公司,比如沃尔玛,其波动性都比制造业公司的小得多。"[31]
- ▶ 它们拥有全心全意关注股东价值的管理层。米勒解释说:

"这关系到管理层在经营企业时做出正确决策的能力。如果我们不相信管理层在为公司创造价值,我们就不会持有这家公司的股票。"[32]

▶ 它们有一个基本的商业模式,可以赚取高于资本成本的利润。[33] "有成长性的公司通常比那些缺乏成长性的公司更有价值。"米勒解释道,"然而,如果一家公司的利润低于资本成本,那么它的增长速度越快,它的价值就越低。资本回报高于资本成本的公司创造价值;反之,资本回报不及资本成本的公司毁灭价值。那些获得与资本成本同等回报的公司,其价值的增长速度与它们增加资本的速度相同。"[34]

上述因素可以转化成一句古老的格言:买的是公司,而不是股票。米勒表示:"我们的方法与其他人的不同之处在于,我们倾向于投资这些公司的真实业务,而非它们的股票交易。在我看来,许多自诩为价值投资者的人既没有评估企业,也没有投资公司。"[35]

## 风险评估

对于资产管理而言,风险评估是最具挑战性的环节之一。米勒解释说,长期资本管理公司(Long Term Capital Management)的基金经理是投资界最聪明的人之一,但他们制造了一场危机，因为他们使用的是线性模型，并且对模型的风险认识不足。长期资本管理公司的基金经理过于依赖历史相关性。米勒警告说："地图不是领土。地图遗漏了很多细节。"没错，如果你想知道城镇和水域在哪里，如果你在开车的时候想知道路在何方，你可以查看地图。但如果我们还没有达到《哈利·波特》的技术水平，就要意识到，地图是静态的。<sup>㊀</sup>

米勒指出，尽管进行了最认真的研究和分析，但是一些完全意想不到的事情随时都可能发生，从而改变市场方向或某个特定公司的股价。当市场价格对新闻动态做出反应时，这种不确定性是不可避免的。基于上述原因，他研究了大量的事实，试图找出其中的规律。

对于个股，米勒以潜在的长期资本损失作为评估风险的重要依据。对于整个投资组合，米勒倾向于根据相对于市场的波动性和投资者的心理预期来衡量风险。其他人是如何评估风险的呢？米勒对此有独到的见解，他断言大多数人都是风险厌恶者。他解释说："心理实验已经证实，对我们大多数人来说，损失一笔金钱的痛苦要大于赢得同样数目金钱的快乐。"[36]

假设一位投资者在一只股票上投入了 10 万美元，获得了 20% 的回报，实现了 2 万美元的收益。除了到手的利润，他还

---

㊀ 小说《哈利·波特》中有一幅"活点地图"，可以反映霍格沃茨魔法学校的实时动态，功能类似于 GPS。——译者注

会获得一种与之俱来的自豪感和成就感。如果他损失了20%，受到影响的就不仅仅是他的财富。他会感到悔恨、悲伤，并深以为耻。由于这些糟糕的情感体验比春风得意更让人感受深刻，人们倾向于避免盈亏机会均等的情况出现。

为了说明媒体报道是如何强化这些情绪的，米勒举例说：假设有一位投资者周一买了一只股票，然后周二全神贯注地看关于审判辛普森的电视报道。㊀在审判期间，股价下跌，但投资者没有任何反应，因为她不知道发生了什么。"如果你直到周三才关注股价，此时这只股票已经反弹，那么你卖出它的可能性就会小得多，即使基本面与前一天一模一样。这就是短视的风险厌恶心理在作怪。"[37]

投资者往往会对新闻反应过度。同时，由于过去10年印刷物、电视、广播和互联网的商业新闻来源激增，深受信息过载刺激的投资者的交易变得近乎疯狂起来。米勒说："一个人越短视，他对损失风险的反应就越激烈。"[38]

在过去70多年的时间里，投资于股票的每1美元，在扣除通胀因素后，提供了约7%的年复合回报。所以，投资者只要选择一家高质量的公司并长期持有，就能生活得优哉游哉。芝加哥大学的理查德·塞勒（Richard Thaler）教授在进行了大

---

㊀ 1994年，前美式橄榄球运动员辛普森杀妻一案成为当时美国最为轰动的事件。——译者注

量研究后认为，投资者收到海量信息弊大于利。因此他主张，大学不要向教职员工报告其退休基金的表现。塞勒说，对大多数投资者来说，适当的建议是"不要老是想着做点什么，最好坐在那儿别动"。[39]

## 更深层的现实

因为米勒团队的分析师知道，市场或股价的变化有多迅速、多彻底，所以每当公司发布季报，或者有重大新闻影响到公司或行业时，他们就会重新评估其跟踪的公司。为了让自己的工作更具挑战性，分析师总是在寻找比基金现有持仓更便宜的公司。

米勒表示，其他价值投资者过于依赖"简单化"的工具和数学捷径，他认为这些工具和捷径只是"了解更深层现实的一种方式"，而不是目的。例如，许多价值投资者过早地卖出了，因此错过了最佳收益。米勒说，其他人所做的是研究历史交易模式，然后根据历史纪录挑选股票。"然后，当他们观测到某些与历史交易模式相关的量化指标时，他们就会抛出这些股票。"[40] 这类投资者不理解这样的概念：①实现公允价值需要时间；②一个强劲的、不断扩张的企业，即使其股票的市盈率看起来不低，其价值也将继续增长。[41]

| 第 4 章 |

## THE MAN WHO BEATS THE S&P

# 投资组合管理

细心观察,你可以掘获甚多。

——约吉·贝拉

在1991年3月31日发布的价值信托基金年报里,比尔·米勒撰写了首封致股东的信。在信中,比尔·米勒指出了投资组合管理所面临的挑战。同时,对于越来越多认为投资是一场"刺激的赌局"的人,比尔·米勒给予了无情的抨击。他说,投资管理包括购买和持有股票及投资级的债券。投资最重要的是要保本,还要考虑收入和增长。衡量绩效(如果有的话)要以一个较长的时间段为期。另外,不要妄图战胜市场。

"投资是一件严肃的事情,不是游戏。对于那些拿投资当儿戏甚至有点轻浮的人来说,他们的行为只能被定义为'炒股'。对于这类人而言,涉足股市只是一种消遣,而不是职业投资。"有一群人尽皆知的人物,包括杰西·利弗莫尔(Jesse Livermore)、臭名昭著的"百万豪赌徒"盖茨(Gates)、阿瑟·卡滕(Arthur Cutten)和费雪兄弟(Fisher brothers),他们是市场上的投机家,他们与受人尊敬、手握重金的银行家在道德品质和社会身份方面存在着明显差别。

米勒说:"正如亚当·史密斯(Adam Smith)在他的《金钱游戏》(*The Money Game*)一书中写的那样,自20世纪60年代起,这种差别开始变得模糊。当时,对业绩的狂热首次占据了上风。就像1971年尼克松宣称的那样,'我们现在都是凯恩斯主义者',基金经理现在都是业绩驱动型的,因为可投资的基金追逐过去的业绩纪录,而一个没有资金管理的基金经理只能增加昂贵的管理费用。"[1]

## 计算概率

在职业生涯的早期,米勒就明白,试图预测股票市场的走势并根据预测的结果进行投资,不是一个明智的投资选择。然而,和许多投资者一样,他在内心深处感受到了赌博和投资的相似之处。他曾写道:"在赌场连续击败庄家或经常击败市场,回报是丰厚的。"

早在20世纪80年代,米勒就曾读过一本名为《幸福派》(*The Eudaemonic Pie*)的书,书中讲述了一群物理学家和计算机科学家经过密谋策划,在拉斯维加斯大发横财的故事。他们的方法是在赌客的鞋子里安装一台电子设备,利用统计数据来预测轮盘赌会落在什么数字和颜色上。这一愚蠢的计划并未取得成功,但让米勒最感兴趣的是,这些概率论专家中的一些人放弃了他们的职业,摇身一变成为了基金经理。

米勒自己也禁不住思考股市的概率问题。1990年,他写道:

> 我们不会妄图预测市场,但是我们注意到,自1926年以来,以任何12个月为区间,市场上涨的概率都在66%左右。在过去的50年里,这种上涨的概率更高,接近75%。自1926年以来,股票投资者每年

享有 10.1% 的投资回报。为了让长期成功的可能性最大化，我们打算像《幸福派》所讲的那样，避免对不可能的结果下注。我们将继续寻找这样的公司——经营稳健，股价低于我们分析的内在价值，并由我们信赖的管理层打理。[2]

## 解构标准普尔 500 指数

米勒用解构标准普尔 500 指数的方法来研究它的走势，就像棒球教练研究比赛录像一样。他问自己：为什么把股票纳入指数的机构没有想要超越任何人，但标准普尔 500 指数的表现能超过 95% 的共同基金经理？他们只是试图挑选出能代表美国整体经济的股票，从而反映市场状况。他们还会寻找在某些领域、某个行业或利基市场拥有领导地位的公司，这些公司存在的时间足够长，有充分的流动性，并且其财务特征显示，它们还能在市场上存在 10 年或更长时间。

出于某些特定的原因，标准普尔指数的编制者有时也会替换指数中的股票。当一家公司被收购时，它就会退出指数，而新的股票将填补这一空缺。如果一家公司的变化太大，以至于不再能够反映整体经济状况，它就可能会被指数剔除。正因如此，伍尔沃斯（Woolworth）被标准普尔 500 指数剔除，而美国在线取而代之。

即便如此，米勒仍表示："这并不是选股，而是标准普尔的资金管理策略。指数长期保持低换手率，这非常节税，且不改变公司和行业的权重。它只是自然进化。"[3] 当基金经理的业绩落后于指数时，往往是出于这样的原因：与构成大部分投资组合的中小公司相比，在指数中占主导地位的超级大盘股表现更加突出。[4]

米勒得出结论：为了达到某种理想的平衡而不断地折腾投资组合中的股票，这种做法通常是错误的。"标准普尔指数不会出来说：'微软是最大的公司，让我们缩减它的份额吧。'标准普尔会让胜利者继续奔跑。35年前，科技和金融服务业占标准普尔指数的比重为5.5%。现在这一数字超过了40%。"[5] 这反映了世界正在发生的一切，以及编制者允许标准普尔500指数出现这种变化。

巴菲特采取了类似的策略。他不会为了平衡伯克希尔－哈撒韦的投资组合而不停地买进卖出可口可乐。他已经学会了购买优质的股票，只要这些股票还有增长潜力，他就会一直持有。当他觉得基本面不再具备持有的理由时，他就会卖出。

如果标准普尔500指数如此智能，为什么不干脆直接投它呢？比如购买标准普尔500指数基金或存托凭证。米勒说："这是个不错的主意，标准普尔指数是一个很好的投资选择。如果有人说,'我这里有一只基金,成本非常低,也很节税,有15~20年几乎击败所有人的纪录',你为什么不投它呢?"[6]

然而,这并不是说,要想跑赢标准普尔500指数,投资组合就应该和它完全一样。这种被动管理的策略只会导致业绩与市场保持同步,而不是超越市场。总体而言,美盛的资产配置策略是持有约11%的动态增长股票,这代表着市场的高成长部分;加上43%的全球特许经营股票,代表大型成长型股票;还有46%的传统价值型股票,包括高股息、中小型公司的股票。

## 定义米勒风格

价值型基金有两种基本类型:限定型基金和主观型基金。限定型基金经理在购买股票时,会遵循传统的机械标准,如市净率、市盈率或市销率。这类基金通常会购买纽约证券交易所市盈率在后30%区间的股票,它们的市盈率通常低于1.5。

主观型基金经理也使用这些估值工具,但他们对自己的判断更有信心。如果基金经理的分析显示,一只10美元的股票在未来将价值50美元,这种股票就符合买入的价值标准。一些投资者坚持认为,米勒的基金属于主观型,但事实上,这似乎是一个错误判断。米勒显然使用了限定型方法,他的分析工具比大多数价值投资者学到的更精确、更复杂。不同的是,他并没有就此止步。他继续从所有能想到的角度研究投资理念。米勒管理价值信托基金的风格可以概括为三点：①对价值的谨慎关注；②聚焦少数精挑细选的股票；③基金持仓的低周转率。

## 关注价值

米勒的批评者声称，他的基金不应该在其名称中带有"价值"的字样。他们甚至建议，美国证券交易委员会应责令米勒给他的基金重新命名。米勒对此不以为然。"价值信托之名，不是对我们所持公司的类型的描述，它描述的是我们为股东创造价值的愿景。如果他们要确定什么是价值，他们就将永远不可能从任何金融教科书或任何人那里得到关于价值或估值的标准答案。"[7]

此外，米勒还认为，人们错误地区分了成长和价值的概念：

> 人们相信，不管怎样，公司的某些特征使它们贴上了"成长"或"价值"的标签。我认为，成长和价值真正描述的是基金经理的风格，而不是公司的特征。价值型基金经理将价值评估作为其投资体系的关键驱动力；成长型基金经理则不然，他们关注企业成长更甚于价值。[8]

米勒说，不幸的是，近年来，尤其是在过去10年里，价值投资者错过了科技股，因为他们没有花时间或精力去理解它。此外，他们过于强调对当前环境影响甚微的历史信息。"这并不是因为这是一个新世界或新纪元，而是因为他们继续沿用此前高通胀和高利率时代的估值指标。我们现在身处一个低通胀、低利率的环境，但他们还没有调整他们的模型。"[9]

在寻找新的收购对象时，米勒利用计算机对公司特征进行分类。在购买一只股票之前，米勒会运用多学科模型对公司进行估值，不同的估值之间必须相互印证。他把这种取得共识的方法称为"集中趋势估值法"。[10]

在很大程度上，运用米勒的模型发掘的公司，其规模要比在先锋价值指数基金（Vanguard Value Index）等典型价值基金中常见的持仓公司规模更大。美盛价值信托基金持仓公司的市值中位数约为440亿美元，先锋价值指数基金的大约是340亿美元。尽管这些数字在持续波动，但是先锋价值指数基金持仓公司的平均市盈率通常会在25.1左右，而美盛价值信托基金的为32.5。先锋价值指数基金持仓公司的平均市净率为3.7，而美盛价值信托基金的为10.4。

## 注重集中持股

相比于大多数基金，价值信托基金持仓的股票数量相对有限。在大多数年份里，价值信托基金投资组合的持仓股票大约在 40 只左右（有时多达 48 只），通常约一半的资金量会投资于其持仓量最大的 10 只股票。[11]

米勒说，他不需要更分散的投资，因为他的团队已经做了相当深入的研究，他们对自己的持股非常有信心。他说，对 300 家公司进行这种水平的研究几乎是不可能的。米勒评论道："T. 罗·普莱斯（T. Rowe Price）曾经说过，如果他坚持持有投资在 IBM 上的原始头寸，他的第一只股票基金应该会表现得更加出色。"[12]

## 注重低换手率

米勒对股票换手持谨慎态度。整个 1995 年第一季度，他没有在价值信托基金的投资组合中增加或减少任何一只股票，这对沃伦·巴菲特这样的价值投资者来说并不罕见，但对共同基金经理来说却非同寻常。[13]

米勒的批评者认为，米勒有一种不良倾向，那就是和他持仓的股票走得太近，可能他并不该持有这些股票这么长时间。例如，《智慧财富》（*Smart Money*）指出，自从米勒买进以来，第一银行（Bank One）股价下跌了 40%（这发生在 2000 年 7 月）。大多数投资者可能早就抛售止损了，但米勒直到 2001 年仍持有该公司近 1400 万股股票，不过这些股票的交易价格仍在每股 20 ～ 35 美元的水平区间横盘。

就像几乎所有投资者一样，米勒偶尔也会选中一两只垃圾股。1999 年，他承认投资废物管理公司是价值信托基金的一大"灾难"。在米勒买入废物管理公司的股票后，这家公司遭受重创，股价下跌了 70% 以上。在开始时，米勒是在 50 美元左右的价格购买股票的，然后他眼睁睁地看着股价一路暴跌到 20 美元以下。事后米勒表示，他希望自己当初更重视一项预警：相对于公布的收益，该公司的现金流似乎较低。然而，当时他接受了废物管理公司的不寻常季节性因素的解释。[14] 故事并没有就此结束，在指派一名团队成员重新对该股票进行了估值后，米勒认为长期而言这家公司前景光明，并继续加大买入力度。事实证明他是对的。第 7 章将会讲述米勒投资废物管理公司的全过程。

1999 年初，米勒又一次失算了。他抛售了一家保险公司——宾夕法尼亚金融集团（PennCorp Financial Group）的股票。当这家公司的股票几乎一文不值的时候，他戏称其为"宾夕法尼亚僵尸"。米勒也承认他犯过一些"遗漏的错误"，错失了一些好股票，如沃尔玛。20 世纪 80 年代末，他因为这只股票的现金流表现而对其青睐有加，但他希望在股价下跌 0.5 个百分点后再买进。天不遂人愿，沃尔玛股价一路不断上涨，米勒只好再去寻找别的投资机会。从那以后，沃尔玛的市值增长了 4 倍。不过自 2000 年以来，沃尔玛的股价基本上一直处于横盘状态。[15]

对于美盛旗下基金的投资者来说，米勒的长期持股目标让他们享受了税收优惠。不仅如此，对股东来说，长期持股还有其他好处。较长的持有期限让米勒能够与管理层建立关系，更清楚地把握公司的发展方向。他对管理层计划如何利用手中的现金扩大市场份额特别感兴趣。了解一家企业及其所在行业是米勒投资策略的关键。

在通常情况下，米勒持有股票的平均期限为 5 年，有时甚至长达 10 年。相比之下，大型价值型基金平均每 18 个月就会完成一次整个投资组合的换手。近年来，美盛价值信托基金的年均换手率为 10% ~ 15%，是全行业最低之一。"我们真的是投资者，而不是交易者。"米勒解释道。

## 资本回报的作用

当必须要兑现资本回报时，米勒会听从基金持有人的建议。尽管米勒努力将基金周转率保持在较低水平，但是有时调仓似乎是不可避免的。

例如，2000 年夏天，在米勒将重点从科技股转回传统价值型股票后,他需要出清戴尔和美国在线等已经见顶的科技股,代之以一批被低估的新股票。

对大多数投资者来说,长期资本利得的税率为20%。如果一个人持有100份美盛价值信托基金的份额,每份收到的红利是6美元,那么投资者须向税务局缴纳资本利得税120美元。对于那些投资美盛价值信托基金10年的投资者来说,他们享受了这只基金21.2%的10年年复合回报率,交这点儿税似乎是公平的。

新进投资者承担了最大的赋税痛苦。米勒指出,不必要地大量抛售高价值的股票,对那些没有足够时间分享收益却要承担纳税义务的股东来说,是不公平的。

更糟糕的是,新进投资者在购买基金份额时,无法知道他会走向何种境地。这种困境在一段时间内是可以避免的,但是,唯一可靠的投资回报来自利息或股息,或出售证券。在某种程度上,米勒必须在基金业绩和税收费用之间反复权衡,并做出艰难的决定。

## 卖出的标准

米勒在什么情况下会卖出股票?他回答说:"如果你的估值是错误的,或者股票的价格远远高于其价值,就像1999年三四月时的美国在线那样，就要考虑卖出。"[16]

2000 年出现的极端情况促使米勒卖出了他在戴尔上的部分头寸。米勒解释说："这时你就需要平衡风险，并将税收也纳入考虑范围。我们在戴尔和美国在线的持仓上，都获得了数十亿美元的收益。我们希望尽可能避免为基金持有人输送巨额资本利得。我们永远不会因为避税就牺牲回报，但我们会努力实现基金持有人税后回报率的最大化。"[17]

米勒的卖出原则分为三种情况。如果出现以下三种情况之一，米勒就会考虑卖出。

1. 这只股票估值合理。如果一家公司达到了它的公允价格（或充分估值），那么未来几年，米勒就无法指望通过持有这家公司来赚取超额回报。

2. 他找到了更好的投资对象。米勒会尽量保持满仓。由于他持有的现金数量相当少，如果出现更好的投资对象，他就必须卖掉自己手里最没有吸引力的持仓，然后置换成新的股票。

3. 投资形势发生变化。当出现政府监管的改变或市场状况的永久性改变时，一家公司的基本商业模式可能会随之发生变化。

只要米勒对一家公司有信心，认可其商业价值和管理能力，并相信股价迟早会从低估状态回归到合理估值，他就会一直持有它。"只要我们信任管理层，并相信他们待人公道,我们就会持有股票。马戏团赌场酒店(Circus Circus)——现已更名为曼德勒度假集团(Mandalay Resort Group),就是一个很好的例子。我们持有它3年了,但它除了下跌还是下跌。事实证明,我们对拉斯维加斯的商业环境和发展前景过于乐观。尽管这只股票表现不佳,我们还是持续买进,因为其股价跌幅超过了企业价值的损失程度。"[18]1996年,在买下它的3年后,米勒终于扬眉吐气——曼德勒的股价翻了一番。

## 偏离传统

米勒将现代投资组合理论融入了他的管理风格,从而超越了传统的价值实践和原则。现代投资组合理论是一种为个股建立风险-回报关系的策略,然后对投资组合本身进行持续的检视,以确保投资组合在承担尽可能低的风险时,获得尽可能高的回报。

现代投资组合理论包括四个基本步骤:

1. 证券估值,即建立一个反映预期回报和预期风险的资产体系。

2. 资产配置决策,即决定股票和债券等大类资产如何配置。

3. 投资组合优化,即在选择投资组合所持有的证券时,注重协调风险和收益，包括哪种股票在可接受的风险水平上能提供最佳收益。

4. 业绩评价，即把每只股票的业绩表现纳入系统的市场相关分类，并分析这只股票对收益总额的贡献度。

关于证券估值和风险评估的更多内容，请见本书第 3 章。至于资产配置和业绩评价方面的内容，请继续往下阅读。

**资产配置**

米勒强调平衡的重要性，他对在任何一个行业过度集中的持仓都持谨慎态度。例如，1990 年，米勒将美盛价值信托基金的近 85% 的份额投资于股票，但没有任何一个行业的基金份额超过 15%，银行约占 15%，金融和保险各占 7%，公用事业占 5.4%，其他行业所占的资金比例均低于 5%。正如前文所述，米勒并不害怕让有盈利的持仓占据他所持股票的更大比例。再比如，2000 年，美盛价值信托基金的 96.6% 投资于股票，但投资领域大不相同。科技股占据了接近 29% 的资金头寸，这主要得益于戴尔和美国在线等股票的快速上涨；金融类股票的占比接近 28%，这主要是因为，此时美盛价值信托基金将银行、储贷机构、保险以及经纪公司归为了一类。

1991 年，当市场参与者迷恋周期性股票时，米勒指出，每年都会有一些不同类型的股票风靡一时,仅仅因为人们认为它们会上涨,它们就青云直上。米勒说:"去年,以生物科技领域为代表的小盘股一飞冲天,涨幅超过100%,所以那些重仓医疗技术小盘股的基金经理成了英雄。然而到了今年,生物科技股却成了全市场表现最差的股票,平均而言,较峰值下跌了逾40%。这一点在去年市场热捧的宠儿之一山陶克(Centocor)身上表现得尤其明显。美国食品药品监督管理局(FDA)没有批准它们的主要产品,这让大多数观察人士感到震惊,他们已经把数亿美元的销售额计入了他们的预测。这只股票从每股60多美元的高点暴跌至目前的12美元,其总市值从20多亿美元跌至4亿多美元。"[19]

## 对周期性股票的厌恶

米勒资本配置哲学的另一个风格,是他讨厌周期性股票。他也很少购买周期性股票。正如他所说:

> 大多数周期性公司的主营业务没有实现差异化,几乎没有或根本没有产品定价权,利润和现金流波动不定且难以预测,没有明显的竞争优势,资本回报率很低,扣减资本支出和税后的自由现金流所剩无几。它们公布的营业收入数据弹性很大,通常随着经济的

向好而提升。但是,要想在这类股票中获得高于平均水平的回报,就必须在正确的时间买进卖出,而这种择时与对企业价值的深入分析无关,仅仅与猜测经济和市场情绪的拐点有关。[20]

周期性股票的特性使其成为糟糕的长期投资标的,这正是米勒倾向于避开它们的原因。他解释说,随着经济从衰退走向复苏,市场预期回报改善,周期性股票通常会有强劲的表现。

但是,"随着经济的扩张,即使收益开始显现,这些股票的市场表现仍然会滞后。最终,当市场预期经济衰退并由此导致基本面崩盘时,这些股票的价格会大幅下跌。在一个完整的经济周期中,这种表现通常是平淡无奇的,但从更长期来看,往往是糟糕透顶的。通用汽车现在(1993年春天)的售价比20世纪60年代还要低;而自从莱特兄弟发明飞机以来,航空公司总体上并没有赚到钱"。[21]

尽管米勒厌恶周期性股票,但是在投资实践中,他也会买入这类股票,前提是:首先,由于某些基本面的原因(周期性导致的利润波动除外),这些股票的估值较低;其次,与其他股票相比,它们具有特定的优势。消费型周期性股票通常占美盛价值信托基金13%左右的持仓。米勒经常购买汽车制造行业公司的股票，自20世纪90年代中期以来，他就一直持有通用汽车的股票。只有一个报告期（2000～2001财年），通用汽车让他失望了，那一年通用汽车的股价下跌了37.4%。

20世纪90年代初，米勒在银行股上获利颇丰。彼时，银行受到一系列不利事件的打击，正处于历史最低估值水平。花旗公司（现为花旗集团）是这一时期优质银行股价过度下跌的典型案例。尽管股价超跌，但是银行业的资本仍在迅速扩张，行业整合正在进行，米勒看到了银行业并购整合、竞争减少和股息增长的巨大前景。他看好银行，因为这些金融机构的资本回报远高于资本成本，这一点与其他周期性股票不同。换句话说，它们实际上是在为股东投入的资本赚取回报。许多其他周期性股票则不然，它们实际上侵蚀了股东价值。只有那些获得的资本回报超过资本成本的公司，才适合作为长期投资的对象。

## 业绩评价

自1982年成立以来，美盛价值信托基金的股东获得了18.24%的年复合回报率。这只基金以标准普尔500指数作为业绩比较基准，但米勒表示，美盛价值信托基金也可与价值线几何平均（Value Line Geometric Average，通常被称为"价值线指数"）的总回报率进行比较，后者是一个包含约1700只股票的指数。你可能会认为，标准普尔 500 指数和价值线指数会有和美盛价值信托基金相仿的涨幅。事实上，它们之间的差距惊人。在截至 2001 年 3 月 31 日的 1 年时间里，价值信托基金下跌了 9.99%，而标准普尔 500 指数下跌了 21.68%，价值线指数下跌了 13.86%。米勒表示，理柏增长基金指数（Lipper Growth Fund Index）可能是最好的综合基准，因为这只指数由具有类似长期目标的积极管理型基金组成，"尽管实现这些目标的方式不同"。[22]

## 报告期的回报

多年来，一些投资者一直抱怨称，他们在美盛价值信托基金上的个人体验，并不像媒体报道和美盛集团广告吹嘘得那么愉快。米勒说，这很可能是实情，主要原因包括：

- 计算年复合回报率的方法往往会平滑基金回报率的年度差异，因此它们可能与实际的年回报率有所不同；
- 报告期的回报包括红利再投资；
- 个人的回报将取决于其买卖基金的实际日期。

此外，米勒承认，即使美盛价值信托基金是"自 1982 年初成立以来，我们少数表现优于标准普尔 500 指数的基金之一，并且在过去的 5 年里，只有 24 个国家的经济增速超过了这只基金的表现，但我们也有过表现不佳的时期"。[23]

例如,在 2001 年底,相比于那些重仓大盘价值型股票的同类基金,价值信托基金的业绩表现大幅落后。在经历了科技股市场下挫和"9·11"事件之后,这只基金的资产从大约 120 亿美元缩水至 89 亿美元,当年业绩表现比市场同类基金落后了 70%——2001 年,同类基金仅仅下跌了 6.7%。根据基金追踪服务机构晨星公司的数据,尽管 2000 年价值信托基金连续第 11 年跑赢标准普尔 500 指数,但是在大型价值型投资组合基金中,它仍排在后 10%。

## 现实的回报预期

在判断业绩时,那些恼人的错误假设(相关讨论见本书第 2 章)可能会以多种形式出现,尤其是在华尔街。以围绕市场回报的假设为例:2000 年,在经历了 5 年创纪录的股市回报率(年复合回报率约为 25%)之后,许多投资者感到失望,尤其是那些从未遇到过市场横盘或下跌的投资者。那一年,道琼斯指数、纳斯达克指数和标准普尔 500 指数都经历了大幅调整。美国证券业协会(Securities Industry Association)当时对投资者开展的一项调查显示,股市在过去 70 年的年复合回报率只有 10% 左右,但投资者预期的年复合回报率却是 33%。

在那些所有指数都下跌的年份里,尽管价值信托基金的损失少于其业绩比较基准,然而还是有一些基金投资者对米勒的表现表示失望。对于那些认为市场将永远上涨的投资者,富达投资(Fidelity Investment)的彼得·林奇表示无法忍受。林奇说,投资者应该明白,市场有时会下跌,即使最优秀的基金经理也无法改变这一点。"我们试图让大家冷静下来,并很想对他们说,你研究往返百慕大的机票都花了4个小时,为什么不多花点时间看看你到底在投资什么。"[24]

## 保持尽可能多的股票资产

林奇说,尽可能满仓股票是有意义的,如果你能锁定那些利润稳定增长的公司,就更该如此。"人们会说,'我投资的标准普尔500指数基金下跌了20%。因此,我打电话给我的阿姨、祖母及孩子,让他们不要投资股票,以免个人退休账户遭受损失'。历史已经证明,这种观点是错误的。我不知道市场下一个2000点的走向,但下一个10 000点会来的,这是由企业利润决定的。企业利润以每年9%的速度增长,每8年翻一番,每16年翻两番,每24年增长至原来的8倍,每32年[⊖]增长至原来的16倍。事实就是如此,这就是我们要灌输给大众的观点。股价上涨是有原因的,那就是利润增长。"[25]

---

⊖ 原文为30年,结合上下文分析,疑为32年之误。——译者注

## 没有"业绩焦虑症"

米勒说,对于那些视其为超级明星的投资者来说,他没有辜负他们的期望,也没有太大压力。但是,他说:

> 我确实担心,投资者在购买这只基金时,没有完全理解我们的战略。一味追逐短期业绩的投资者并不是这只基金最适合的持有者。每年都有新设的基金,旨在追逐昙花一现的短期业绩,这才是他们的目标。我们正试图使用价值导向的方法,在一个较长的时间周期内,为我们的客户争取尽可能高的风险调整回报。即使某些时候表现不佳,我们也不会改变既定的策略或风格。毫无疑问,我们一定会有表现不佳的时候。如果人们对此感到惊讶,他们应该另觅别的基金。[26]

尽管如此,无论是跟外部的同类基金相比,抑或是在美盛集团内部,米勒和他的团队都具有很强的竞争力。美盛集团共同基金部门的员工每年都会举办一场竞赛,从基金的股票清单里选出一小部分股票,然后持有一年,收益最高的选手为获胜者。不止一次,获胜者只是一名行政助理。

## 固定收益证券

通常，米勒会将有限的美盛价值信托基金份额投资于债券或其他固定收益证券。无论是哪个资金池，都必须有一个存放现金的地方，同时等待或积累一些更好的投资对象。米勒倾向于尽可能少地留存现金，因此，他的基金账户里留存的现金比例从 1998 年的 10.8% 下降到 2001 年的不足 1.1%。

米勒问，在一个长达 70 年左右的周期里，1 美元投资于债券，年复合回报率不到 1%，而股票的年复合回报率约为 7%，为什么长期投资者会选择持有债券呢？他的回答是：个人投资者倾向于将更多资金投资于债券，而不是股票，因为股票波动性更大，因此持有股票会更劳心费神。米勒说，债券市场患有一种叫作"繁荣恐惧症"的疾病。[27]

然而，这并不意味着米勒从不投资债券或类固定收益证券，他在发现价值方面很有创造力。1995 年，米勒断定由美国担保的阿根廷布雷迪债券（Brady bonds）⊖的售价远远低于其内在价值，于是进行了大规模投资。这些债券在两年内价格翻番，而米勒在拉丁美洲经济再次崩溃之前，将上述债券悉数抛

---

⊖ 布雷迪债券是以美国财政部前部长尼古拉斯·布雷迪的名字命名的债券，由美国政府发行，是一项供第三世界国家使用的债务工具。——译者注

售。这个机会"具有令人难以置信的吸引力",莉萨·拉普阿诺解释说。"当我们看到市场出现巨大的估值错误时,我们会采取类似的做法,但我们不会经常发现这样的机会。"[28]

## 少数大赢家?

早在20世纪80年代,当米勒还是美盛集团投资研究部主管时,他就会在感恩节列出12只精选股票的名单,为次年的投资做准备。这项活动后来变成了一年一度的项目,但在20世纪90年代中止了。米勒介绍说:"这份名单在击败市场方面保持了很好的纪录。20世纪80年代初,《华尔街日报》关注到这项活动,并在感恩节当天公布了我们的选股名单。"在选股名单连续公布3年后,一位记者打电话给米勒,说他分析了这份名单上的股票。他对米勒说,有一年,如果剔除表现最好的两只股票,米勒就不会跑赢大盘;还有一年,米勒之所以能跑赢大盘,只是因为名单上的一只重仓股涨势喜人。米勒回应称:"假如我们没有持有能够打败市场的股票,那么我们就无法打败市场。但我们确实持有它们。"[29]

## 成功的危险

如果一只基金取得了不错的业绩,随着消息传开,总是会有新的投资者被吸引过来，基金的规模也会随之扩大。米勒经常会被问到这样一个问题：在什么情况下，价值信托基金或者说任何共同基金，会由于规模过大而变得难以管理？

截至目前，这个问题已经得到了自我解答。因为当20世纪末科技股暴跌时，投资者逃离了美盛价值信托基金，就好像它是一只科技型或成长型基金一样。然而，在此后的若干年里，这只基金取得了长足的发展。米勒知道多大的规模才称得上过于庞大。他试图让管理的平均资产规模大致维持在相当于他持有股票平均市值的水平上。如果一只基金拥有巨额资本，它就会开始对其持有公司的股价产生影响，反之亦然。以一只管理着5亿美元的小型股基金为例，基金经理无法持有市值远低于5亿美元的公司股票，否则单只基金将持有一家公司太多的股份。如果它买入或卖出其持有的股份，将会对成本造成巨大影响。

作为美国国内的投资基金，虽然美盛价值信托基金的规模从1990年的8亿美元增长到2001年的120多亿美元，但是与管理150亿美元的骏利20基金（Janus 20）、管理220亿美元的先锋温莎2号基金（Vanguard Windsor Ⅱ）、管理480亿美元的华盛顿共同投资者基金（Washington Mutual Investors）等基金相比，美盛价值信托基金仍然是一只较小的基金。富达麦哲伦基金是全球最大的共同基金，拥有约788亿美元的资产。

在美盛价值信托基金拥有 130 亿美元资产的时候，其持仓公司的平均市值约为 500 亿美元。以此推算，在不影响基金业绩的情况下，米勒可以再让管理规模翻一番。米勒说："还有另外一种视角。标准普尔 500 指数大约有 10 万亿美元的资产。众所周知，标准普尔 500 指数在大多数时候比大多数基金经理表现要好。这意味着，它管理的 10 万亿美元资产规模的业绩几乎跑赢了所有人，但是它持有 500 只股票，而我们只持有 50 只股票。因此，从理论上讲，我们在 1 万亿美元的管理规模上也能战胜市场，这相当于目前富达麦哲伦基金管理规模的 10 倍。"[30]

| 第 5 章 |

THE MAN WHO BEATS THE S&P

# 新经济估值

林赛夫人：你看起来真酷！
约吉·贝拉：彼此彼此啦！

2000年4月4日,在哥伦比亚大学迈克尔·莫布森的证券分析课上,米勒在演讲时对在场的学生说,科技股就像失控的热气球一样飙升,虽然当前股价已经回落到一定程度,但是未来还会有更多的下跌空间。

虽然科技股的下跌给米勒带来了一定程度的损失,但是这也意味着,米勒的投资方法论将获得比过去更大的尊重和认可。

"在过去四五年时间里,股价一飞冲天,估值显得无关紧要。"米勒声称,"我们已经到了一个重要关口,此刻估值将再次发挥作用,因此我们开始降低科技股的权重。"[1]

20世纪90年代,科技股一直表现强劲,但真正的飙升始于1998年底。当时,人们普遍认为这些股票适用于一套新的规则。分析人士预测,科技公司所能带来的营业收入和利润几乎是无限的。至于那些属于旧经济范畴的公司,它们要么实现互联网+,要么关门大吉。

20世纪90年代末,互联网和尖端的通信公司显然正在给世界带来一场革命。它们的业务风格是如此激进,以至于投资者似乎觉得,对这些创业先驱应该采用同样激进的金融估值方法。关注资产、营收、利润和现金流的传统证券分析方法就像木质棒球棒一样,已经过时了。收入增长、网站流量,甚至消费模式才是"本垒打"背后的强大动力。

## 新科技，新会计

波士顿巴布森价值基金（Babson Value Fund）的基金经理安东尼·马拉卡科（Anthony Maracarco）回忆说，当时普遍的观点认为"我们发明了一项新科技，因此用一种新方法来处理利润表和资产负债表是完全可以的"。然而，投资者最终要面对现实。"迟早你都得产生现金流回报。如果你做的一切都是在烧钱，那这场游戏注定不会玩得太久。"[2]

尽管承受着来自四面八方的压力，许多价值投资者仍然拒绝涉足高科技领域。共同基金专栏作家玛丽·罗兰（Mary Rowland）曾因米勒对科技股的兴趣，指责其为价值投资阵营的"叛徒"。尽管如此，后来她也对价值投资者看待互联网的方式颇有微词。她写道："我很遗憾，很多价值投资者根本不把它当回事。"[3]

共同基金评级服务机构晨星公司的首席执行官唐·菲利普斯（Don Phillips）表达了类似的隐忧。菲利普斯自认为是一名价值投资者，他的言论在价值投资者群体中引发了巨大震动。他是这样说的："投资不熟不做，本来无可厚非。但把所有的科技公司都归为一类并视而不见，显然是非常荒谬的。我的一位朋友说，一个好的价值型基金经理如果不买股票，难道要去管理养狗场吗？我认为价值投资正处在十字路口。"[4]

米勒认为，大多数价值型基金对科技股的风险敞口都很小，这既是因为投资者缺乏相关知识，也是因为相对于收益或其他基本面因素来说，科技股有极高的交易价格。米勒说："然而，更常见的情况是，投资者对科技股不熟悉，或者不愿尝试分析复杂的科技公司，因为它们的基本面往往难以预测。"[5]

20世纪90年代，太阳微系统、易安信（EMC）和甲骨文（Oracle）等表现良好的高科技公司均表现出了价值投资者珍视的特点。它们的市盈率均为个位数。但即便是在如此低的市盈率水平上，价值型基金经理也对它们敬而远之。

米勒自己管理的基金成了市场上的"异类"。从1996年开始，美盛价值信托基金的科技股权重明显高于大多数价值型基金。1999年底，美盛价值信托基金在科技股上的权重为42%～43%。只有为数不多的价值型基金经理加入了米勒的行列，开始投资科技股，包括奥克马克精选基金的比尔·尼格伦和长叶合伙人基金的梅森·霍金斯。

## 米勒大显身手

米勒曾这样阐述他对科技股的看法：

> 我们始终坚信，以业务为基础，可以分析科技股并估算其内在价值。在科技股领域，使用价值分析方

法是一种竞争优势,因为大多数投资者只关注或看重科技股的成长前景,而少数关注价值的投资者又往往忽视了这一领域。[6]

然而,米勒指出,如果打算投资科技股,还要额外考虑一些关键因素。与厄尼·基恩共事的那段经历,帮助他奠定了价值分析的基础。但是,正是由于秉持了作为哲学家的天性,米勒探索出了未来主义思想——群体智能、复杂系统研究、集体行为和圣塔菲研究所的其他概念(相关讨论见本书第2章)。由此,米勒培养出了对互联网和科技股(比如新兴的美国在线)的偏好。

米勒解释说:"尽管科技进步日新月异,但是这并不意味着这种变化是随机的或不可预测的。在大多数情况下,它遵循着既定的路径。布莱恩·阿瑟和哈尔·瓦里安等经济学家开创了科技和信息经济学。我们任何人,只要愿意花时间钻研科技,都可以得到他们的研究成果。"[7]

不过,有时候科技确实会以神秘未知的方式出现。以交互式视频会议为例:企业可以通过综合业务数字网(ISDN)获得这种节省成本的服务,但它的使用率不高。即使是在21世纪,面对面的交流也更能建立信任、促成交易。什么样的科技产品会流行是不确定的。除此之外,高科技经济的结构也存在诸多问题。与科技含量较低的市场相比，高科技市场本身更不稳定、更不可预测，在如何从业务角度评估个股的问题上也存在着巨大的争议。

## 进入科技时代

米勒提醒我们，大多数人已经意识到，我们正在从规模生产、商品制造经济向信息化、数字化、高科技经济转型。未来的社会发展将向后者倾斜。

显然，经济的根本性转变并不是什么新鲜事。每隔50～100年，经济就会发生深刻而彻底的结构性变化。18世纪，经济实现了从家庭作坊到简单制造的转变；18世纪晚期，第一次工业革命（或者说蒸汽动力）成为发展主流；19世纪20年代，国际贸易攀升至顶峰；19世纪中期，经济出现分野，一部分人成为资本家，另一部分人成为劳动力；20世纪以来，大规模生产逐渐成为人们关注的焦点。每一次社会进步，都会导致生产资料、社会分工和经济基本运行规律等经济要素的转变。

米勒说，最近几十年发生的事情"很像从农业经济到工业经济的转变。它不是一蹴而就的，而是日积月累的，年复一年，最终达到质变"。[8]

这将导致一个不可避免的结果：如果一个投资者遵循格雷

厄姆、巴菲特、林奇和其他著名价值投资者成功运用的科学投资方法，目标是像购买整个公司一样去购买股票，那么他就真心有必要去了解这家公司的经营管理，及其所处行业的发展状况。

布莱恩·阿瑟指出，智力密集型行业遵循着"赢家通吃"的市场经济法则，"管理被重新定义为对下一个技术赢家（或者说下一棵摇钱树）的一系列探索和追求，大家的目标变成了寻找下一个微软"。[9]

## 谁是游戏玩家

阿瑟把高科技领域比喻成一个有很多赌桌的赌场。玩家可以坐在互联网零售、电子银行或经纪服务等任何一张赌桌上。然后阿瑟提出了一个问题："下多大赌注？你问道。30亿美元，赌场荷官回答。谁会参与赌局？直到他们出现我们才知道。规则是什么？这些将随着游戏的展开而出现。我赢的概率是多少？我们不能说，你还想玩吗？在这样的情况下追逐高科技，不适合胆小鬼。事实上，在高科技的赌场里，赌博主要是一种心理艺术。在某种程度上（但仅仅是在某种程度上），精湛的技术、雄厚的财力、坚韧不拔的意志和勇气才是关键。最重要的是，这些奖励属于那些最先理解新游戏的玩家，他们能够穿越科技的层层迷雾，隐约窥见新游戏的形态并识别它们。与其说比尔·盖茨是一位技术天才，倒不如说他是一位有先见之明的奇才，能够洞悉下一场游戏的风向。"[10]

收益递减的旧经济时代鼓励优化资源配置，如高效管理、成本削减等，但"你无法在收益递增的游戏世界里优化（那些管理因素）"。阿瑟继续说："你也许很聪明，也许很狡猾。你可能擅长定位，也可能善于观察。但当游戏本身还没有完全定义时，你便无法进行优化。你能做的就是适应。从积极乐观的角度来看，适应意味着观察下一个浪潮的到来，弄清楚它将采取什么形式，并瞄准那些能抓住风口的公司。企业收益增长的驱动力是适应，而不是优化。"[11]

## 雾件

在收益递增的情况下，心理定位成为一种必然的策略。竞争对手退出市场的时候，不仅是市场被锁定的时候，还可能是他们认为市场会被其他人锁定的时候。阿瑟说，这就是为什么"我们会看到形形色色的心理战术，如商品预售、佯装进攻、威胁结盟、炫耀技术、憧憬未来、描绘蓝图、展示雾件⊖，等等。这种装腔作势和夸张不实的'表演'，与灵长类群体的

---

⊖ 雾件是指在开发完成前就开始宣传的产品，也许产品根本就不会问世。——译者注

某些行为非常相似,它会阻止竞争对手与潜在的行业霸主开展竞争。这种入市前的压制和降服,不需要采取任何实质性动作,而纯粹只与心理有关"。[12]阿瑟写道:"令人感到不安的是,收益递增非但不会导致均衡,反而会导致不稳定。如果一种产品、一家公司或一项技术(市场的竞争者之一)凭借运气或聪明的策略取得领先,收益递增就会放大这种优势,该产品、公司或技术就会继续锁定市场。"[13]

阿瑟解释说,这种正向反馈的经济学现象,与现代非线性物理学有相似之处。铁磁性材料、自旋玻璃、固态激光器,以及其他由相互增强的元素组成的物理系统,也表现出类似的特性。在某些情况下,性质或环境的微小变化可以极大地改变事件的进程。"它们会自由组合成许多可能的状态,在某些关键时刻,即使是很小的扰动也会影响结果的选择。而且,相比于其他可能出现的状态,最终出现的结果也许能量更高,也许效率更低。现代进化思维也体现出某种相似之处。小事件,也就是历史的突变,往往会呈均值回归,但偶尔它们会变得至关重要,因为它们会使经济的某些部分转向新的结构和模式,而这些结构和模式随后会被保留下来,并建立在新的发展层面上。从某种程度上讲,我们继承的经济遗产是历史的选择。"[14]历史上的一个例子就是飞机的发展历程。当时,在世界各地,莱特兄弟面临着许多竞争者,其中最有希望成功的是约翰·蒙哥马利，他是加利福尼亚北部地区的一位教授。然而，1906年发生的旧金山大地震，对蒙哥马利的居所和工厂造成了毁灭性的破坏，莱特兄弟在时间上抢得了先机。地震发生两年后，他们获得了发明飞机的至高荣誉，更不用说固定翼飞机的专利权了。

## 古老的真理

哈尔·瓦里安在经济理论、计量经济学、产业组织和信息技术经济学等领域发表了数十篇研究论文，他对新经济的看法与众不同。按照瓦里安的逻辑，新经济的估值原则并没有像阿瑟认为的那样发生巨大改变。

在澳大利亚首都堪培拉，瓦里安在国家新闻俱乐部（National Press Club）发表演讲称："有些人认为，我们需要一种新的经济学，来理解互联网时代的新经济。诚然，我们处于新经济的浪潮之巅，毫无疑问，巨大的经济力量正在改造世界。但是，你并不需要一套新的经济学理论来理解新经济，你也不需要依赖专家们的预测。你可以从历史、案例研究和经济分析中收获甚多。"[15]

瓦里安认为，如果互联网商业无视既定的经济规则，必将自食其果。一些古老的真理（供需理论，以及收益递减的原则）

仍然完好无损。例如，自主报价网站价格线（Priceline.com）⊖就无法改变消费者行为。

在《信息规则》这本书里，瓦里安举了互联网拍卖网站eBay的例子，它的商业模式并不新颖——只是一个电子分类广告服务系统。与传统的报纸等商业模式相比，这个网站的核心竞争力在于其庞大的买家和卖家。由于拥有更巨大的流量和更火爆的交易，商品定价变得更有效率。对那些渴望复制eBay成功的人，瓦里安提出的建议是：寻找一个像分类广告一样在过去行之有效的行业，并找出一种方法，利用互联网将其重新配置到最佳状态。

瓦里安提醒说："负责推出前沿软件产品或在线出版杂志的企业高管往往会放弃经济学的经典教义，依赖于不断变化的趋势和风尚，以期获得信息时代的战略指导。"[16] 鉴于高科技世界有太多需要掌握和理解的地方，瓦里安建议人们不要迷信这种哲学，他鼓励一种开放的思维方式。他提出的某些理念和阿瑟几乎如出一辙。

例如，在这个新经济时代，只要不是德不配位，品牌就可能是一种优势。"一个有价值的品牌可以让一家公司获得一定的溢价，但无法保证获得与新科技出现之前相同的价格或利润

---

⊖ 价格线是一家1998年创立的基于C2B商业模式的旅游服务网站，目前是美国最大的在线旅游公司。——译者注

率。新科技的问世往往会导致产品的复制成本和分销成本大幅降低。根据我们的经验，拥有知名品牌的信息提供商往往不愿迅速降价以吓跑潜在的竞争者。这或许是因为，他们认为自己的品牌可以保护自身免于竞争。"[17]

瓦里安声称，新科技必然会导致基础价格下降。那些迟迟不能接受现实的公司可能会发现，自己在所有领域的市场份额都在迅速流失。有一家媒体公司——科技资讯网（CNET），巧妙地避开了这个陷阱。科技资讯网之所以能成为在线新闻领域的领导者，正是因为它愿意尝试新的商业模式，而不担心会蚕食纸质出版物的市场份额。[18]尽管如此，在互联网泡沫破灭之际，科技资讯网的股票还是遭受了重大损失。1999年，这家公司的股价曾高达79美元。2001年底，其股价在5美元左右的低位徘徊。

如前所述，瓦里安和阿瑟在许多关键问题上的观点不谋而合。瓦里安写道："信息技术的共享特性，使得尽早解决标准化和兼容性的问题变得至关重要。每个消费者使用特定技术工具（如互联网）的意愿，在很大程度上取决于其他用户的数量。新的通信工具，如传真机、录像机和互联网本身，通常都是在使用较长时间后才以指数级的速度爆发性增长的，这意味着在技术发展的早期阶段，改弦更张会更便宜、更容易。此外，一旦某一特定技术占据了市场的大部分份额，就很难再将其逐出市场。计算机行业的兴衰沉浮,在很大程度上取决于转换成本——人们不希望切换到一个新的硬件或软件,即使它的性能更胜一筹。因为一旦切换,他们在旧的硬件或软件上投入的时间就前功尽弃了,同时他们也会失去与周围的人轻松共享数据的便利。如果信息商品的买家、卖家和分销商做出了错误的选择,那么挽回损失可能就要付出高昂的代价。"[19]

## 五种新兴力量

瓦里安说,在对新经济公司进行经济分析时,应当尽可能考虑五种新兴力量,或者说是最近产生的五种力量。

1. 产品和价格的差异化:"信息技术的一大好处是,你可以做一对一营销,也可以做大规模定制,还可以以低成本策略吸引数百万人。"[20]这种根据不同客户的需求量身定做,从而在相同核心信息的基础上创造不同版本的策略,可以展现出无数种形式。版本化策略可以帮助公司将其产品与竞争对手区分开来,并维持其价格的坚挺。

户外运动领域就提供了一个精彩绝伦的案例:一名骑行爱好者打开计算机搜索山地自行车道,上网后会发现自动弹出的自行车装备网站广告。金融服务行业也经常会使用版本化策略。提供股票市场信息就可以有多种方式,会产生不同水平的成本。例如，有20分钟延迟的报价行情可能是赠送的，但是更迅速、更复杂、更交互的信息是要付费才能获得的。最基本的财务信息是免费的，并且与报纸上的股价图表差不多，但除此之外的任何信息都需要投资者在经纪商那里注册，或者购买一项订阅服务。

2. 版权管理：复制和分销的成本突然大幅降低，不仅对提供商如此，对盗版者也是如此。知识产权的创造者不仅要考虑保护知识产权的最佳方式，还要考虑利用知识产权的最佳方式。

3. 转换/锁定：一旦用户做出科技产品方面的选择，那么在很长一段时间内，他都会沉浸其中。用户不愿花费时间和金钱来更换产品，这让他被自己最初的选择锁定。对于这种对用户的影响，卖家想要最大化，买家想要最小化。

4. 网络和正向反馈：在高科技领域，在预期的基础上，可以建立早期的正向反馈。这会产生积极的影响，也会带来消极的影响。如果消费者预期一种产品会流行起来，就会形成一股潮流。但如果消费者预期这种产品会走向失败，那么失败将成为"自我实现"（self-fulfilling）的预言。

一旦某种产品在市场上站稳了脚跟，或者人们越多地使用某种技术，其他人就越容易使用它，这张网络就会编织得越来越大。因此，一个凭借天然优势取胜的领导者，通常是市场上的先行者。

5. 标准化：一家企业编织的网络越大，需要符合其参数的其他产品就越多，因此网络就变得越有价值。在互联互通和标准化方面，这家企业也就具备了巨大的经济优势和功能优势。[21]

瓦里安说，尽管存在一些限制和困难，但是自然学科之间的相互滋养是有益的。与阿瑟一样，瓦里安认为："事实上，经济学从物理学、生物学和数学等学科借鉴良多。他们会去做这种跨学科交流的尝试，虽然常常失败，但是看到运用其他路径去处理自己主业上遇到的问题，也是很有趣的。"[22]

相比于阿瑟，瓦里安的指导方针更简单，也不那么激进。然而，瓦里安似乎同意阿瑟的观点："人性没有改变，经济的一些真正基础也没有改变。人们总是或多或少地选择对自己最为有利的方案。"[23]

## 估值

尽管对上述所有信息予以了综合考虑，比尔·米勒仍然依赖于老式的股票价值分析方法。但这样做的背景是，他对高科技有着深刻而直观的理解。

米勒解释道："我们购买的企业，其市场价格大大低于我们对其内在价值的评估。那么问题来了，市场上最有价值的公司在哪里？是正在成长的公司，正在萎缩的公司，抑或是周期性公司？我们持有大量科技股，因为我们认为科技领域的相对价值最高。"[24]

米勒意识到，在高科技经济领域，似乎更容易出现"强者恒强"的市场格局——少数几家优秀公司在市场上占据主导地位，于是他继续推断："看看那些科技公司——微软占有90%的市场份额，英特尔（Intel）占有90%的市场份额，思科（Cisco）占有80%的市场份额，它们是各自领域的霸主。这导致大多数市场出现了'赢者通吃'的局面。"米勒之后还说："技术可能会改变，但市场地位不会。"因此，投资者可以对精心挑选的高科技公司进行长期投资。

米勒坚称，更重要的是，高科技公司"容易计算出合理的估值。科技股可能有更大的波动性，这让它们看起来似乎与众不同。但与美国铝业公司或美国钢铁公司相比，分析戴尔的业务并不困难"。

最后，米勒说："判断两项投资孰优孰劣的唯一方法是，比较你所付出的和你所期望得到的。"[25]

尽管公司历史资料有限，财务数据匮乏，米勒和他的员工还是根据现有的基本面信息，建立了一个商业和项目矩阵。通过利用现成的软件，他们提供当前的数据和趋势，并基于各种假设擘画未来的商业图景。米勒说："我们试图建立一个基于商业分析和市场动态的长期模型。我们运用不同的概率来开展情景假设，其中某一种情况肯定会出现。"[26] 然后，根据随之而来的真实数据，米勒持续调整他的设想，不断重新评估新信息对未来的影响。

这里的讨论回避了另一个问题——实际上是一个更简单的问题：高科技公司之所以能吸引米勒，是因为在很多情况下，其初创成本可能相对较低（边际成本甚至更低），从而使公司得以轻装上阵、迅速发展吗？尽管米勒承认，"轻资产类型的公司能够更快地获得自由现金流"，但他表示，即使在新经济环境下，拥有一流的有形资产仍能大幅增加公司价值。米勒说："以有线电视行业为例，其行业特征是固定成本高、维护费用高，但这正是巴菲特所说的'护城河'。它的存在，为竞争对手的进入构筑了坚实的进入壁垒。"[27]

米勒接着说："巴菲特在购买行政喷气机航空公司（Executive Jet Aviation）⊖时，就认识到了有形资产的价值。他对该公司的 CEO 里奇·圣图利（Rich Santulli）说，'如果你能主宰这家企业，你所需的资金会应有尽有'。这真是一笔好买卖，所有的资本成本都是可以收回的。"[28]

---

⊖ 行政喷气机航空公司是美国一家历史悠久的公务机包机公司，1986 年更名为利捷公司（Netjets），1998 年被巴菲特全资收购。——译者注

无论是护城河、安全边际还是特许经营权，都是非常积极的因素。投资者可能会在分析这些因素上犯错，但仍然会得到不错的投资结果。米勒已经认识到，像旧经济的先辈一样，优质的硬件公司、软件公司、网络公司和其他新经济企业的"安全边际会随着时间的推移与日俱增。安全边际不是静态的"。米勒指出，当一家公司的成本达到历史峰值时，它的价值成长看起来好像出现了停滞。"但是，任何一家盈利超过资本成本的公司，其价值都在不断增长，其安全边际也会持续扩大。"[29]

记住上文提到的原则，让我们来看看米勒投资过或认真考虑过的一些公司。

当1982年美盛价值信托基金成立时，它持有16只股票，几乎都是在纽约证券交易所上市的蓝筹股。在1991年米勒执掌基金的时候，其持股规模增加了两倍多，并首次显示出转向科技股投资的迹象。技术进步的趋势是自然而然的。1990年，米勒购入MCI通信公司（MCI Communications，后与美国世界通信公司合并，更名为MCI世界通信公司）作为他投资科技股的主要持仓。1992年，米勒又将美国通用电话电子公司（GTE Corporation）、墨西哥电信公司、沃达丰集团（Vodafone Group PLC）和莲花公司（Lotus Development）加入了持股名单。莲花公司的股价在1993年上涨了35%，1994年又上涨了28.2%，然而其表现在1995年却黯然失色，股价下跌了6.7%。1996年，莲花公司被 IBM 收购,从此退出了米勒的投资组合。1993 年,米勒将生物医药公司安进(Amgen)列入持股名单。这份持股名单一直在动态更新和调整,1996 年加入了诺基亚、戴尔和美国在线,1999 年加入了纳克斯泰尔(Nextel)和捷威,2000 年又加入了亚马逊。

## 安进

在比尔·克林顿入主白宫后不久,由于美国政府不喜欢医疗行业的高利润,同时出于对医疗改革的恐惧(尽管只是市场猜度),医疗护理类公司的股价开始下跌。除了行业因素以外,安进公司还受到了优保津(Neupogen)销售放缓的负面影响。优保津系安进的主打产品,是一种用于治疗癌症患者骨髓抑制药物感染的药物。当米勒开始买入时,这家生物科技公司的股价约为 40 美元,第二年的每股盈利为 3 美元。米勒预计每年有 20% 左右的增长空间。他说:"安进不会提高药品价格,所以即使是药品价格管控也不会抑制其增长(尽管医疗改革的其他方面可能会影响)。"[30]

事实上,米勒并没有对计划内的改革过于忧心,他打算对陷入困境的医疗护理类公司进行更多投资。他说:"重新安排占 GDP 约 14% 的医疗保健开支是一项艰巨的任务,而且这项任务根本不可能启动，更别提要在今年（1993年）完成了。我们认为，明年之前不会有实质性的法案出台。政府谋求的改革越全面，拖延的可能性就越大。"[31]

在1994年的年度报告里，米勒不再关注医疗改革，他的注意力已经转向了安进的收益。由于担心收益不佳，安进的股价出现下跌，此时米勒出手增持。当安进的收益好得出乎意料时，股价再次站稳了脚跟。"即使在反弹之后，安进的市盈率也只有12，预计每年的增长率为15%，安进拥有非常充裕的现金流，股票回购也很活跃。"[32]

1994年底，安进成为米勒手中表现最好的公司之一，当年股价上涨了14.2%。在随后的几年里，这只股票忽冷忽热、忽高忽低，然后在1999年又火了起来，回报率达到146%。1999年底，米勒卖掉了股票。

## 亚马逊

迄今为止，米勒最具争议的一项投资——在线零售商亚马逊网站无疑让他面对外界质疑的抗压能力大大增强。对这项投资的批评似乎从未停止过。有一次，贝德福德橡树顾问公司（Bedford Oak Advisors LLC）的哈维·艾森（Harvey Eisen）与米勒一起出席了一场研讨会，艾森半开玩笑地对米勒说："你一定是喝醉了,才会觉得亚马逊很便宜。"³³《巴伦周刊》的一位读者在给编辑的一封信中提到,即使在互联网泡沫破灭之后,米勒仍然对亚马逊情有独钟。这封信的作者本人也曾质疑过互联网零售公司的估值,当时正值它们交易的高峰期。作者在信里写道:"很高兴看到米勒对这家公司有这样的信心,他显然以偏贵的价格买下了这家公司,并一直看好这家公司。好吧,我不是巴菲特。不过,从米勒对亚马逊明显的严重误判来看,他也不是。"³⁴

《巴伦周刊》的另一位读者对米勒的讽刺更甚:"当然,在半人马座阿尔法星的这一边⊖,比尔·米勒管理着4000万股亚马逊股票。他认为买入亚马逊是一个绝妙的主意,对此没人感到惊讶。但是你会在哪里买股票呢?聪明的股东知道亚马逊来自一个'会计工作无足轻重'的星系,有谁会考虑卖掉它呢?"³⁵

米勒依然坚持己见,对外界的冷嘲热讽丝毫不以为意。他说,如果他一直固守传统的估值方法,他就永远不会去看亚马逊,哪怕只是一眼。然而,他已经在互联网领域积累了丰富的专业知识,并投资过戴尔和美国在线等互联网科技企业。随着时间的推移,他逐渐了解了亚马逊的管理层。这使他开阔了眼界,并看到了亚马逊的发展潜力。价值投资者避开科技行业的

---

⊖ 此处意指地球。——译者注

原因之一是，产品周期短、业务风险高，即使是在走下坡路，这些公司也很少会有看起来便宜的时候。然而，米勒发现，如果按照传统方法来评价的话，他投资的最成功的两家公司——美国在线和戴尔，当时要么利空消息缠身，要么盈利状况不佳。

米勒认为，与其他电商不同，亚马逊拥有强大的资本，足以承受建立临界数量的消费者群体必须负担的巨大损失。消费者会区分互联网行业的赢家和输家。[36]

1999年，米勒指出："像电子玩具（Etoys）这样的公司需要做的，以及美利证券（Ameritrade）和亿创证券（E-Trade）已经在做的，是靠大量烧钱来吸引客户，但是并没有那么多的客户可以招揽。"[37]

亚马逊由杰夫·贝佐斯于1995年创立，1997年上市。万川奔流的亚马孙河有着无数的分支和支流，是贝佐斯所创公司的完美象征。亚马逊拥有超过2500万客户，2001年销售额达到31亿美元，是世界上最大的电子商务消费公司。1999年底，亚马逊的市值超过了400亿美元。

米勒仍然确信，市场误读了亚马逊。在通讯杂志《格兰特利率观察家》（*Grant's Interest Rate Observer*）举办的2000年年度会议上，米勒阐述了自己的观点。在向与会的基金经理分发了一份调查问卷后，米勒要求他们猜测亚马逊自创立以来的累计现金损失。基金经理的估计值从最低的 2 亿美元到最高的 40 亿美元不等,然而正确答案是 6200 万美元。米勒强调:"我们不相信市场对亚马逊的分析是正确的。我的意思是,他们都是专业人士。"[38] 当时亚马逊的股价在 50 美元左右,米勒预计年内将达到 90 美元。

然而,这家雄心勃勃的公司很快就遭遇了可怕的暴跌。2000 年中,雷曼兄弟(Lehman Brothers)的分析师表示,他们认为亚马逊的信贷状况"极其疲弱,不断恶化"。这一论断导致亚马逊股价暴跌。2000 年底,其资本总额已降至 94 亿美元。事后看来,崩溃是可以预见的。从书籍到钻头,亚马逊什么都卖,但到 2002 年已经亏损了 30 亿美元。不过,面临着来自沃尔玛等传统零售商激烈的线上竞争,贝佐斯曾承诺亚马逊会在 2001 年底实现营业利润转正,他也兑现了自己的承诺。

## 新零售:亚马逊和戴尔

根据米勒的分析,尽管亚马逊经常被拿来与其他在线零售商对比,但是实际上它的商业模式更像戴尔,而不是另一家全国连锁的书商巴诺书店(Barnes & Noble)。[39] 米勒认为,像亚马逊这样的新经济零售电商,其资本支出与经营实体的同行相比,简直微不足道。更重要的是,当客户对他们的购物付费时，亚马逊会立即获得收入，但它可以等到 50 天后再向供应商支付费用。所以，是供应商，而不是股东，为公司的发展提供了流动资金；是资产负债表项下的运营资本账户，而不是利润，产生了现金流。戴尔也运用了同样的原理来获取现金。戴尔根据订单生产个人计算机，会立即收到货款，然后降低库存成本，再慢慢地付钱给供应商。[40]

从长期来看，亚马逊和戴尔的毛利率大致相当，都在 20% 左右（亚马逊略高于戴尔）；两家公司的营业利润率均为 10%；它们拥有大致相同的资本周转率、相同的负营运资本、相同的现金循环周期，以及相同的直销模式。当戴尔和亚马逊处于同一发展阶段时，戴尔并没有亏损，事实上，它还产生了大量的自由现金流。米勒介绍说："戴尔计算机的售价为 2000 美元，毛利率为 20%，每销售一台计算机，产生的利润贡献为 400 美元。我们把亚马逊的业务情况简化一下——亚马逊每销售 20 美元的书，按照 20% 的毛利率计算，产生的利润贡献为 4 美元。实际的毛利润会低很多，但是物流成本（fulfillment costs）⊖ 与营业收入无关，而与商品单价息息相关。随着时间的推移，亚马逊销售商品的单价上升，其物流成本将会下降，这是亚马

---

⊖ Fulfillment by Amazon 即亚马逊物流服务，亚马逊将自身平台开放给第三方卖家，将其库存纳入亚马逊全球的物流网络，为其提供拣货、包装以及终端配送的服务，亚马逊则收取服务费用。——译者注

逊面临的关键问题。"[41]

当米勒注意到亚马逊时,他关注的是亚马逊的美国国内图书、视频和音乐业务,因为这是亚马逊最成熟和最赚钱的业务单元。在这个细分市场,亚马逊当时的营业利润率为8%,而且在源源不断地赚钱。亚马逊其他业务的经济前景甚至更好,进入21世纪后增长迅速,而电子商务消费已成为其第二大业务部门。

米勒说:"因此,如果他们能以400美元的价格销售一台掌上电脑(palm pilot),并保持20%的利润率,那就能获得80美元的利润。而卖一台电脑从仓储运输到客户终端的物流成本,与卖一本书是一模一样的。如果他们能在图书、视频和音乐领域赚钱,我们就很有信心他们能在所有其他领域赚钱。"[42]

在海外市场,亚马逊是英国、德国和日本排名第一的在线零售商,在法国则排名第二。这具有非常重要的意义,因为很少有总部设在美国的零售商在国外经营得很成功。"没错,正如杰夫·贝佐斯所说——试着在东京市中心找到一席之地,来开展相应的零售业务。亚马逊在业务模式上有巨大的优势。我们预计,目前导致亚马逊亏损并产生负现金流的许多因素(比如高企的软件开发成本和处于劣势的消费电子产品采购)到了今年年底将不复存在。即使在最坏的情况下,亚马逊明年

(2002年)的现金流也能够实现盈亏平衡。当这种转变发生的时候,很明显亚马逊不会在市场上销声匿迹,也不会用大规模的新股发行来稀释你的股权,人们对这家公司的看法和其基本面估值就会发生重大变化。"[43] 当2000年第四季度亚马逊第一次宣布实现盈利时,其股价上涨了40%。

尽管这家零售电商公司前景光明,但是贝佐斯很难让大多数投资者相信他的做法是明智的。2000年伊始,亚马逊就在电子商务及移动通信技术等互联互通领域下了大赌注。"亚马逊无处不在"(Amazon Anywhere)并没有取得成功,至少到目前为止没有。恰恰相反,亚马逊开始在这一领域裁员。亚马逊的策略是无效的,很可能是因为在移动电话或掌上电脑上购物不方便。产品很难在屏幕上看到,输入信息很慢,且很容易出错,一点也不好玩。[44] 2001年夏末,亚马逊开始在网上销售计算机,这似乎吓坏了投资者,股价再次出现下跌。

然而,在亚马逊业务流程中广受诟病的就是它的会计制度,有人说它令人困惑,有人说它完全是在误导他人。[45] 在本书第3章讲"预测会计"的时候,我们讨论过这个话题。2001年5月,《商业周刊》发表了一篇谴责这种计算方法的文章,声称:"在4月24日发布的业绩预告中,(亚马逊)报告了今年第一季度的'预测运营'亏损为4900万美元。令人不解的是,公司还公布了每股'预测净亏损'为21美分,总计亏损7600

万美元。根据 GAAP，投资者必须睁大眼睛，在浩如烟海的数据里仔细甄别，才能发现亚马逊实际上净亏损 2.34 亿美元，也就是说每股亏损 66 美分。"[46] 在业绩预告中遗漏的经营费用里面有一笔 2400 万美元的净利息费用和一笔 1.14 亿美元的重组费用，其中还包括关闭一座仓库的费用。亚马逊新闻发言人比尔·柯里（Bill Curry）为公司公布的数据进行了辩护，他声称业绩预告中包含了 GAAP 的报告结果。不过，他表示，预估数据也包括在内，因为这是"我们对自己业务的看法"。[47]

在预测会计方面，米勒愿意对公司放宽标准。他认为，即使一家公司遵循 GAAP，也不意味着这些数字反映了公司的真实情况。

> 我倾向于快速屏蔽这些会计信息。会计反映的数据意义不大。我们感兴趣的是企业潜在的经济价值，而不是它们如何报告正在发生的事情。我认为人们呈现出来的很多情况都是有悖于事实的。让我们回到 1996 年的美国在线（后来的美国在线-时代华纳），当时我们正买入它的股票。每个人都在关注它，因为它将获取订户的成本资本化了，而不是将其费用化。无论如何，记账都不是关键，费用就是费用。美国在线花钱购买订户。我们明白其中的基本原理。[48]

当米勒买入亚马逊股票时,他意识到这笔投资可能需要 10 年的时间才能达到合理的估值,最近发生的事情也证实了这一猜想。米勒以每股 80 多美元的低价买入了他的第一只亚马逊股票,但他购买亚马逊股票的平均成本只有 30 多美元。米勒说,这家互联网零售商现在现金流为正,他预计它将一直维持下去,这意味着它永远不再需要从资本市场融资。[49]

2000 年,米勒将机会信托基金的股票换成了可转换债券,从而获得了股票的税收抵扣,而且这些债券具有更好的风险 - 回报特征。可转换债券支付票息,也可以兑换成公司的股票。尽管如此,美盛集团仍然持有机会信托基金 16% 的股份,总计大约 5000 多万股。美盛集团是亚马逊最大的外部投资者。当然,没有人比贝佐斯赚得更多。

2001 年 5 月,米勒在接受《巴伦周刊》采访时,被记者问到他为何对亚马逊情有独钟,他回答说:

> 我不想说,因为艾伦·埃布尔森(Alan Abelson)是国家新闻事业的瑰宝,如果我在你们的公开出版物上连续使用'购买'和'亚马逊'这样的字眼,我担心会让他过早地结束职业生涯。但是,是的,我们对亚马逊信心满满。我们目前持有超过 4000 万股亚马逊的股票。据我所知,我们也是亚马逊可转换债券的最大持有者。[50]

当被问到亚马逊值多少钱时,米勒的回答是:"价值连城。"[51]

位于波士顿的高石资产管理公司(High Rock Asset Management)的基金经理戴维·戴蒙德(David Diamond)看待投资的角度与米勒有所不同。他说:"我喜欢那些能够释放多余自由现金流的年金型企业。我相信比尔·米勒会说,一旦亚马逊实现盈亏平衡,利润就会非常丰厚。但我宁愿选择其他公司。"[52]

## 戴尔 VS. 捷威

1996年,市场出于对个人计算机需求放缓的隐忧产生了恐慌情绪,米勒利用这一契机买入了戴尔的股票。戴尔由时年36岁的商业奇才迈克尔·戴尔(Michael Dell)创立,总部位于美国得克萨斯州。与竞争对手相比,戴尔的直销模式给公司带来了极高的资本回报率。在高科技快速发展的年代,戴尔巧妙运用网络,处理从承接客户订单到连接供应商的一切事务。得益于此,戴尔每天售出价值5000万美元的个人计算机。当个人计算机市场萎缩时,它将库存周期从1997年的12天压缩到了5天。

在圣塔菲研究所的时候,米勒从他的同事及富有想象力的导师那里学到的重要一课就是:无论是鸟类还是芯片制造商,竞争对手都是可以共存共生的。20世纪90年代中后期，这一点在戴尔和同类公司捷威身上表现得尤为明显。[53]

1998年底，米勒以每股50美元的价格买入了捷威的部分股份。不到半年，捷威的股价就涨到了70美元，而米勒预计股价会涨到90美元。捷威在1999年的预期市盈率为17（当时戴尔的市盈率为58），这似乎给了捷威很大的增长空间。[54]

尽管在戴尔面前，捷威看起来似乎不值一提，但是米勒表示，这是一个普遍的误解。当时，这两家公司在不同的细分市场都有各自的竞争优势。"戴尔面向企业大客户，捷威面向普通消费者。例如，戴尔的成功会威胁到康柏（Compaq）和惠普，而不是捷威。"[55] 近年来，戴尔和捷威在市场地位方面的分别已经不那么明显了。戴尔在普通消费者市场占有了更大的份额，捷威也杀入了企业大客户市场。2002年初，戴尔凭借着大幅提高且不断增长的市场份额及低得多的成本优势，显著挤压了捷威的生存空间。

即便如此，米勒仍认为，当时许多价值投资者都误读了戴尔。在米勒买进戴尔股票的时候，它的股价还不到第二年预期回报的5倍。"如果你看一下个人计算机相关股票的历史估值，就会发现它们的市盈率过去常常在6～12。当戴尔的市盈率跌至6时，价值投资者开始进场；当市盈率升至12时，投资者纷纷抛售。"[56]

但米勒不会这样做。

米勒解释道:"因为我们是要去分析一家企业,而不是简单地去看股票的历史交易信息。我很惊讶地发现,戴尔的价值是我们当初购买价格的4倍。也就是说,当我们以每股2美元买的时候(按照股票分拆调整后的价格计算),基于我们对自由现金流等因素的综合分析(包括35%的资本回报率),我计算出它的实际价值是每股8美元。从那以后,公司的收入增长远远超过了我们的预期。戴尔的资本回报率在18个月内从35%上升到229%,这是美国产业资本回报率的峰值。现在,如果它的价值是我们支付价格(每股2美元)的4倍,并且后来盈利又增长了7倍,你就能理解为什么我们一直在提高公司的估值。我们估计它的价值至少在每股85美元左右,而目前的价格是75美元。"[57]

## 美国在线-时代华纳

米勒是最引人注目的互联网公司之一美国在线的早期投资者。美国在线的创始人兼CEO史蒂夫·凯斯(Steve Case)通过一项简单的傻瓜式操作服务,将互联网(尤其是电子邮件)带给了2900万人。在圣塔菲研究所的学习经历让米勒认识到,"一旦美国在线的网络覆盖用户占到了50%的市场份额,它就会变得坚不可摧"。尽管微软很强大，但是它也无法让美国在线破产。"任何人都很难把美国在线打垮。"[58]

莉萨·拉普阿诺对美国在线的分析举足轻重。她认为，华尔街未能意识到美国在线的重要意义。这家互联网接入服务提供商受到了诸多批评，因为它未能迅速满足急剧膨胀的新增客户需求。拉普阿诺认为，更高更多的需求仅仅意味着人们接受了这个概念——客户喜欢这项服务。她说服米勒买了100万股美国在线的股票。[59]

拉普阿诺的分析完全正确。现在美国在线已经成为在线接入消费市场的主导者。伴随着与时代华纳（Time Warner）的世纪并购，史蒂夫·凯斯成为新旧媒体史上最有效的强强联合的总策划师。当时，美国在线-时代华纳并购案以970亿美元的交易对价成为美国历史上最大的并购案（一开始的并购金额甚至更大，但随着市场对这一消息的强烈反应，最后数额有所下调）。考虑到美国在线的虚高价格和时代华纳的雄厚资产，这笔交易似乎令人困惑。在2000年1月10日宣布合并之前，美国在线的股价一直很坚挺。但到后来，即使在互联网泡沫崩溃的情况下，大多数分析人士仍然认为，时代华纳的股东通过这笔交易获得的价值远远超过了他们的资金成本。米勒继续对美国在线的前景持乐观态度，不过他确实略微减少了头寸。1996年11月，米勒买入了美国在线100万美元的股票。

1998～1999年，这些股票进行了四次拆分，基金持有的总市值达到了1.16亿美元。按拆分调整后的价格计算，米勒持有美国在线股票的成本为每股1.625美元。1997年12月，米勒又买入了美国在线362 500股股票，成本为每股5.964美元。米勒说："我们赚了50倍的钱。"[60] 2001年底，米勒持有的美国在线股票价值约为6亿美元，尽管低于此前20多亿美元的峰值，但仍然是米勒的最大持仓之一。

就像亚马逊的情况一样，美国在线的会计制度对分析师构成了挑战。米勒或许能够理解美国在线使用的报告标准，但并非所有人都认可这些标准，包括美国证券交易委员会。美国证券交易委员会最终对美国在线采取了监管行动。多年来，美国在线一直在挖掘潜在客户，累计向市场投放了数百万张计算机磁盘。这笔销售费用采取的是递延支付的会计处理方式，使得美国在线看起来比实际上有更多盈利。这样一来，美国在线就可以发行更多的证券，用于补充现金和参与并购，从而促进业务发展。2000年5月15日，美国在线与美国证券交易委员会达成和解。在没有承认或否认任何不当行为的情况下，美国在线支付了350万美元的罚款，并将之前的收入重新确认为亏损。但到这个时候，美国在线依靠"赠品"策略已经完全锁定了市场，毫无悬念地跻身互联网巨头之列。

曾出版过收益观察报告《数字的背后》(*Behind the Numbers*)

的基金经理戴维·W. 泰斯（David W. Tice）断言："如果美国在线还是孤军奋战，它的股价会比现在低得多。"然而，实施激进的会计政策帮助美国在线实现了它的长期目标。[61]

尽管如此，晨星公司 CEO 唐·菲利普斯等仍为米勒钟情于美国在线等股票进行了辩护。他表示："本·格雷厄姆创立了适用于钢铁公司的资产估值模型。在此基础上，巴菲特探索开辟了新的估值模型，可以对媒体公司等拥有特许经营权的企业进行估值。与巴菲特一样，我们开始看到比尔·米勒等基金经理完善了对科技公司的估值理论。"[62]

米勒得以成功投资美国在线的原因之一，是他在估值的时候考虑了额外的安全边际。同样，当一家公司发展得像美国在线一样迅速时，米勒在评估价值时会给自己留一些回旋的余地，并使用非比寻常的高贴现率——30%。这一数值大约是他在给 IBM 估值时所用贴现率的 3 倍，它提供了较高的安全边际，这是价值投资的关键一环。从 1996 年起，米勒就已经开始建仓美国在线。按照拆分调整后的股价计算，米勒投资美国在线的成本为每股 3 美元。1999 年，米勒的持仓市值已经上涨了 750%。[63]

在鼎盛时期，美国在线约占美盛价值信托基金总资产的 15%。[64] 当 2001 年初美国在线和时代华纳完成合并时，这只股票在美盛价值信托基金投资组合里的占比为 5.66%。

米勒认为，合并后的美国在线-时代华纳更具有竞争优势。在媒体与科技融合的行业里，美国在线-时代华纳拥有最大、最好的资产组合。米勒断言："作为一家企业，它的生命周期很长，而且极具价值。"[65]

## 纳克斯泰尔

多年以来，米勒的投资组合一直都持有电信股，且总体表现良好。1999年，米勒开始买入拥有全球网络的无线电话公司纳克斯泰尔。2000年底，他以每股60美元的价格几乎全部清仓。2001年，投资者对电信股的热情一夜消减，米勒又以每股15美元或更低的价格回购了数百万股。当时，纳克斯泰尔已经遭受重创，在"9·11"事件发生后，情况变得更糟，股价暴跌至每股9美元左右。米勒没有惊慌，而是看到了不断加仓的机会。他又买进了50万股，这让他在这家公司的持仓市值达到约4亿美元。纳克斯泰尔之所以吸引米勒，是因为它在本行业拥有最高的单位平均收入。它开发的产品纳克斯泰尔直联（Nextel Direct Connect），让它显得与斯普林特公司（Sprint）、美国电话电报公司等一票竞争对手与众不同。

为了给这家特殊的企业估值，米勒把它的业务拆分成若干部分。他指出，其美国国内业务的价值大约是息税折旧及摊销前利润（EBITDA）的 10 倍左右，预计 EBITDA 到 2001 年上升 70%，2002 年再上升 50%，现金流增长非常迅速。按照 EBITDA 估值法，其 2002 年股价为 EBITDA 的 7.5 倍，2003 年股价为 EBITDA 的 5 倍。米勒认为，这意味着其每股价值至少是 30 美元。[66]

## 赛门铁克

赛门铁克（Symantec）是一家新兴的互联网安全公司。这家公司由 IBM 前高管约翰·汤普森（John Thompson）发起创立，主要销售诺顿（Norton）防病毒软件。米勒预计，赛门铁克的营业收入将保持每年约 25% 的高速增长，每个季度将产生 5000 万美元的自由现金流，每股现金价值为 10 美元。它应该回购股票，因为其目前的股价还不到下一年盈利的 15 倍。米勒认为："在这个非常繁荣、非常重要的市场，我们找不到哪家公司比赛门铁克拥有更强的市场地位、更快的营收增长、更低的市盈率、更好的现金再造能力、更卓越的经营管理团队，以及更出色的资产负债表（每股 10 美元的现金价值）。"[67] 米勒的分析得到了回报，但原因出人意料。从 2001 年 9 月底到当年年底，出于对更多恐怖袭击的担忧，公司业务蓬勃发展，股价飙升了 90% 以上。

## 微软

对微软的分析，是必须做的，也是能够做的。1999年，米勒表示，如果他对估值有更好的理解，他就会买入微软和思科。他指出，一般来说，不能仅仅因为股市在短期内上涨，就认为股票是被低估的。"但是，如果在很长一段时间内，它们年复一年地上涨，特别是当它们提供了高于市场平均水平的超额回报时，就很难说它们没有被低估。"[68]

英国保诚证券（Prudential Securities Inc.）的量化分析师爱德华·基翁（Edward Keon），对微软进行了米勒式的调查研究。基翁表示，投资经理现在至少愿意对微软等公司进行一些"不落俗套"的思考。以下是1999年基翁研究微软时的思路。

首先，基翁核查了微软营业收入的质量。微软约67%的利润来自当季的销售，而标准普尔500指数成分股公司这一数据的中值为38.9%。实际上，这就好比公司2/3的利润来自现金支付。这是好事，因为应收账款总是存在公司无法收回的风险。

为了拿标准普尔500指数成分股公司的平均收益与微软相比较，基翁根据现金分红情况调整了标准普尔500指数成分股公司的总收益。1999年底，标准普尔500指数成分股的平均预测收益从54美元降至31美元左右，市盈率从24升至近42。以标准普尔500指数为衡量标准，市盈率为52的微软的股价并不比一般股票贵多少。基翁说:"微软内在估值和市场价格之间的真正差距,可能并不像原始数据显示的那么大。"[69]

基恩还研究了微软的收益增长率。他说,在过去5年(1994～1999年),微软的利润每年增长约40%,预计在2004年之前,公司的利润还将以每年约24%的速度增长。同期标准普尔500指数的收益增幅仅为10%,预计未来5年的增幅仅为15%。这意味着,微软的市盈率是其预期回报增长率的2.2倍,而标准普尔500指数的市盈率(根据现金分红调整后)是其预期回报增长率的2.8倍。基恩解释道,这意味着微软比一般公司便宜。对他而言,微软是一只价值型股票。[70]

## 科技股的坍圮

不管用什么标准来衡量,对企业界来说,20世纪90年代都是一个奇怪的时代,尤其是在高科技和新兴的互联网领域。1996～2000年,标准普尔500指数的年复合增长率约为26%,而科技股云集的纳斯达克指数的年均涨幅超过了40%。不知何故,一家公司亏损越多,其股票表现反而越好;盈利越多,其股票表现反而越差。亚马逊、伊人谷(iVillage)⊖和价格线都

---

⊖ 伊人谷主要向女性传播妊娠及育儿、保健、食品、娱乐、家居用品和时尚美容等方面的时事资讯,自创办至今就一直深受女性喜爱。——译者注

以大肆烧钱为荣，看起来像是为了吸引眼球，或是为自家网站导流。

在 20 世纪的最后 10 年里，还有另一个奇怪的现象：尽管 20 世纪 90 年代经济表现强劲，但是公司无法提高产品价格，通货膨胀率一直保持在较低水平。在某种意义上，更低的价格意味着更低的利润。

2000 年初，米勒就开始担心科技股市场随时可能会崩盘。2000 年 3 月 10 日，他越来越对自己的判断确信无疑。"今年以来，纳斯达克指数上涨了 24%，道琼斯指数下跌了 13%。过去 12 个月，纳斯达克指数上涨了 112%，道琼斯指数下跌了 3%。我感到非常震惊，这些数字简直令人难以置信。这简直就是一场疯狂的博傻游戏。科技股的估值显然处于不合常理的水平。"[7,1]

米勒察觉到了另一个危险的信号。2000 年第一季度，66% 的基金经理跑赢了标准普尔指数。耐人寻味的是，在此期间仅有两个行业的表现好于指数，那就是科技和公用事业。米勒说："基金经理遵循着一条非常简单的原则——重仓科技股，你的表现就会好于大盘。对我来说，这一迹象已经非常明显地表明，这场狂欢已经接近尾声了。"[72]

在米勒看来，从某种程度上说，价值型基金经理的遭遇加剧了科技股的崩溃，他们对购买科技股心存敬畏，然而他们这种明智的做法却不受待见。一些基金经理因不愿重仓科技股而被解雇，朱利安·罗伯逊（Julian Robertson）管理的200亿美元的老虎基金（Tiger Management）在2000年解散，原因是他偏好旧经济领域的股票，导致业绩不佳。《纽约时报》宣称，老虎基金之死意味着价值投资之死，这条路是走不通的。《纽约时报》的头条赫然写着"游戏的终局"（The End of the Game）。

这一系列事件向米勒传达了危险信号。此前，米勒就一直对市场感到担忧。现在，他将基金的股票仓位从39%降至26%。"过去我们重仓科技股，现在我们降低了科技股的比重。我们又回到了大多数价值投资者青睐的传统类股票上。"[73]

果然不出所料，暴风雨很快降临，而且来势汹汹。2000年3月10日，以科技股为主的纳斯达克指数达到5049点的峰值。1个月后，股市暴跌。纳斯达克指数当年下跌了14%，比3月10日的最高点下跌了31%。道琼斯指数当年下跌了7%，但如果计算股息在内的话，比3月10日的点位还上涨了10%。此后，大多数股票阴跌了2年，但这种回落被大盘股和科技股的强势上涨掩盖了。

2001年初，微软、朗讯（Lucent）、摩托罗拉（Motorola）和英特尔的股价较去年的高点平均下跌了60%。互联网股票遭受了特别残酷的打击，很多公司都销声匿迹，还有一些公司也只能苟延残喘。2000年，整个互联网板块表现最好的企业是雅虎（Yahoo）和eBay，它们的股价平均也下跌了79%。截至

2001年10月10日,雅虎和eBay的股价分别为10.87美元和55.63美元。

## 潮起潮落

在科技股如火如荼的最后几年里,股票投资者在初创公司发展的早期就承担起了为它们提供融资的角色。传统上,这一角色是由风险投资家来扮演的。在此之前,如果无法提供盈利的业绩证明,公司是不可能上市的。

结果却是这样的:2000年第一季度,只有不到1/5的首次公开发行企业实现了盈利。而在1995年,几乎超过2/3的企业在首次公开发行时是盈利的。[74]

从2000年春到2001年春,投资者损失了近4万亿美元。究竟是出了什么问题,导致美国股市在2000年发生暴跌?2000年4月,米勒在哥伦比亚大学莫布森的课堂上发表演讲以及在美盛集团官网上发布公告时称,他相信股市正在发生重大的战略转变,市场风格正在从科技股切换到非科技股,这是四五年来的第一次。米勒说,在过去四五年里,他的投资者之所以能获得超额回报,在很大程度上得益于他能够在市场认可之前就买入了一流科技公司的股票。但这种科技股低估的市场环境早已不复存在,现在大多数投资者都在争相买进科技股。

米勒评论道："社会公众和专业人士都对科技股抱有极大的信心，认为持有它们是超越大盘的捷径。在通常情况下，当每个人都能看清楚市场风格的时候，也就到了市场风格切换的时候。"市场上的危险迹象包括科技股的虚高市值（可能与科技股对经济的影响不成比例），以及市场波动性的加剧。米勒还指出，纳斯达克指数已经连续两年跑赢了道琼斯指数和标准普尔 500 指数，他从未见过这种情况连续 3 年出现。接着，米勒强调，他并不是对科技股抱有敌意，只是认为科技股的估值不正常。他说，1998 年，上市公司的市盈率达到了 19.7 的峰值。1998 年以后，市盈率开始下降。这意味着从总体上来说，近期市盈率的短暂抬升是值得怀疑的。他称这是"双重打击"。米勒补充说，这种调整需要经历相当长的时间，因为"人们很难放弃由科技繁荣带来的（认为科技股一定会上涨的）执念"。[75]

科技股投资者持股时间过长的另一个原因可能是，他们没有看很多高科技企业的资产负债表。因此，他们忽略了如库存激增和应收账款上升等预警信号。这些预警信号在思科、北电网络（Nortel Networks）、阿尔卡特（Alcatel）和捷威等公司的财务文件里隐隐可见。

在 2001 年的致股东信里，米勒写道："任何一项投资的价值都等于它为投资者带来的未来自由现金流的折现值。因此，一家公司股票的市场价格一定是基于其未来的收益预期，并通过预测增长率进行折现得到的现值。如果对未来盈利能力的预期降低了，股价就会下跌。20世纪90年代末，随着科技和电信行业销售收入的飙升，对未来的增长预期也随之变得更加乐观，这反过来又推动股价暴涨。在此期间，一系列非同寻常的因素（其中包括为解决'千年虫问题'而耗费的巨额支出）导致科技公司实现了不可思议的增长。随着这些非经常性因素的逐渐消失，对未来过分乐观的收益预期也随之消失。"[76]

米勒报告说："20世纪90年代末推动市场主要指数上涨的股票数量相对较少。在过去1年里，当投资者开始仔细审视这些股票的高估值时，它们又导致了指数的大幅下跌。尽管如此，股票在过去1年的表现比在20世纪90年代末科技股牛市的时候更好。实际上，1997～2000年，大盘出现了一场悄然的熊市，只不过被科技和电信行业飙升的股价掩盖了。"[77]

2000～2001年股市崩盘后，西雅图弗莱肯斯坦资本公司（Fleckenstein Capital）的基金经理比尔·弗莱肯斯坦（Bill Fleckenstein）指出，传统的估值方法仍然有其积极意义。"国家应该出台这样一条法律——在你被允许购买股票之前，必须能够读懂它的资产负债表。这是公司试图隐藏一切的地方，也是所有财务诡计上演的地方。"[78]《新闻周刊》(*Newsweek*)华尔街版的编辑艾伦·斯隆（Allan Sloan）敦促他的记者同行，要像报道其他公司一样，报道科技公司。除了关注收益报告以外，财经记者还应该研究现金流，特别是要注意其中有多少债务性资金。[79]

## 高科技已经被打入地狱了吗

对科技颇有研究的乔治·吉尔德（George Gilder）曾说过："20世纪的发展主线就是颠覆和革新。在科技、经济和政治层面，物质财富的价值和重要性正在稳步下降。在任何地方，精神力量都全面压倒了物质力量。"[80]

无独有偶。在互联网狂欢落幕之后，哈尔·瓦里安也曾试图让商界相信，互联网泡沫的破灭并不意味着互联网带来的革命就此一笔勾销，互联网的问世仍然具有历史性的意义。要明白高科技依然拥有光明的未来，投资者只消看看股市就知道了。

瓦里安写道："在电报出现之前，美国大约有50家证券交易所。后来，实际上只剩下1家。在互联网出现之前，有很多国际金融市场。到2010年，又有多少会幸存下来？上周伦敦证券交易所和法兰克福证券交易所宣布合并，这是金融市场整合浪潮的最新动向。业内所有人都认识到，未来的证券交易场所将会大幅减少，能幸存下来的主要是电子交易所。"

"市场本身一直在见证场内交易的消亡：尽管成交量创下了纪录，但是在过去5年里，纽约证券交易所、芝加哥期货交易所和芝加哥商品交易所的席位价值下降了 30%～60%。"

"在提供流动性方面，市场越大越好。但交易越多，市场就变得越复杂。如果没有管理这种复杂性的后台部门提供信息技术支持，现代金融市场就不可能存在。但现在，仿佛发生了一场宫廷政变，后台部门取代了交易大厅。"

"如果可以选择，投资者会更喜欢电子交易的高速和便利。法国国际期货交易所就是一例明证。它在引入电子交易时，也保持了场内交易，想看一下市场最终会选择哪种交易方式。结果的到来，比人们预期的要早得多。不到两周时间，几乎所有人都选择了电子交易。到第八周的时候，由于成交量不足，交易所彻底关闭了场内交易。"[81]

瓦里安断言，当一切稳定后，新技术将会表现得像所有人预期的一样强大，只不过是以不同于他们所想象的方式。科技始终与我们同在，正如 J.R.R. 托尔金（J.R.R. Tolkien）所言："你身边有一条巨龙，而你对它熟视无睹，这对你没有什么好处。"

| 第 6 章 |

# THE MAN WHO BEATS THE S&P

# 高科技行业监管

菲尔·里祖托：嘿，约吉，我想我们是迷路了。
约吉·贝拉：是啊，但我们共度了美好时光。

反垄断（政府对大企业扩张采取限制措施）是美国文化的特色之一，它可能会导致朋友反目、兄弟阋墙。这是一个容易造成对立和令人感到困惑的复杂话题。美国人不希望看到20世纪20年代约翰·洛克菲勒石油帝国的瓦解，也对20世纪80年代美国电话电报公司的瓦解感到愤怒。尽管拆分后的"标准石油"们和"小贝尔"们继续发展壮大、繁荣成长，但是取缔垄断可能与美国人的意愿背道而驰。起诉侵犯版权和专利的行为比较容易让人接受，但在一个崇尚言论自由的国度，即便如此也仍然要受到质疑。只要看看麦当劳（McDonald's）是多么频繁地通过法律手段为自己的品牌维权的，就知道有多难了。然而，尽管公众存在偏见，但是美国司法部一直对新兴科技行业里的非法行为持怀疑态度，而且证据往往很充分。

政府监管的合理性和有效性一直饱受争议。尤其是投资者，他们对任何不确定性都深恶痛绝。20世纪70年代，罗纳德·里根当选美国总统。在他的指示下，美国政府放弃了针对IBM的反垄断诉讼。尽管这家公司运气不错，但是市场力量（尤其是微软公司的出现）仍让IBM元气大伤。20世纪90年代，司法部再次将反垄断的枪口对准了高科技行业。当司法部四处寻找目标时，微软首当其冲。2001年，乔治·W.布什在就任美国总统以后，逐渐取消了对微软的反垄断调查（尽管不是全部取消）。但对许多投资者来说，问题依然存在：高科技公司是否永远面临着来自政府反垄断或者其他监管措施的压力？

## 自定规则的游戏

麻省理工学院的保罗·克鲁格曼认为，高科技行业的特性本身就营造了一种反垄断氛围。"信息技术不再是理想主义者的消遣。它不仅变成了一门大生意，它的潜规则实际上也导致了价格歧视和资源掠夺等扰乱社会秩序的行为。简而言之，向车库里的极客道别，向新晋的铁路大亨问好——顺便说一句，咱们法庭上见。"[1]

## 短打时刻

我们在第2章中介绍过，布莱恩·阿瑟助推了反垄断经济学的复兴，他的著作和研究也被美国司法部运用于针对微软的反垄断案件中。即便是阿瑟也承认，他对旨在限制微软和其他高科技公司的行动有着复杂的感情。他说："错误的监管手段可能会把美国的高科技行业变成欧洲或日本企业那样，而不会带来现在这种疯狂而美妙的自由竞争。我认为美国在高科技创新方面有着绝对出色的纪录，我不希望看到它受到任何阻碍。"[2]

哈尔·瓦里安表示，这里涉及的法律问题超出了反垄断的范畴。版权、专利和其他对创造性作品的保护正面临风险："如果对知识产权的保护过于松懈，可能就不会有足够的市场动力来创造新的电子产品；相反，如果对知识产权的保护过于严格，则可能会妨碍信息的自由流动和公平使用。有的人主张所有信息都应当免费，而有的人主张法律应当禁止在电子设备上浏览杂志。在不同的人群之间，必须找到一个折中的立场。"[3]

瓦里安继续说道："我相信，将现有的版权和专利法律法规延伸到数字技术领域只是权宜之计。适用于18世纪印刷技术的法律，将不足以应对21世纪的数字技术。关于软件专利甚至是关于计算机屏幕款式的诉讼正在大幅激增。显而易见的是，对法律条文的大规模修改迫在眉睫。"[4]

## 电报、电话与互联网

整体而言，高科技监管和反托拉斯法都是围绕着不断发展的经济而展开的。有些人会说，互联网只不过是电话的另一个版本，尽管它无疑是一个更高级的进化形态。经济学家兼财经作家卡尔·夏皮罗建议，政府在反垄断和其他监管方面应该更加有所作为，而不是无所事事。

1995～1996年，夏皮罗协助司法部主持了对微软的调查，并为英特尔公司向美国联邦贸易委员会（Federal Trade Commission）申请辩护提供咨询。夏皮罗说，持久的高科技垄断是一种稀有动物。"反垄断机构应该避免追究那些依靠创新暂时获得市场主导地位的公司。即便是一家成功保持了多年市场主导地位的公司，只要是靠实力竞争取胜的，就没有什么好担心的。当高科技行业的主导者采用商业策略，阻碍其竞争对手与客户或合作伙伴接触或交易，从而将竞争对手排除在外时，他们就进入了警戒区。微软之所以被指控，是因为它与原始设备制造商（OEMs）和互联网服务提供商（ISPs）签订了排他性合同。占据利基市场的小公司也可能因为这种做法被起诉。但是对于绝大多数高科技公司而言，只要不采取这种排他性的做法就可以安心无忧。"[5]

夏皮罗写到，在很大程度上，当前的法律已足以应对经济市场翻天覆地的变化。"1890年通过的《谢尔曼反托拉斯法》（Sherman Anti-Trust Act）旨在遏制垄断。当我们进入新世纪时，我们相信它仍然有足够的灵活性来保持关键的平衡，既阻止垄断对创新的抑制，又使市场保持足够的竞争力，以防止政府监管过度干扰我们这个信息驱动型的动态市场。"[6]

## 纽扣与线

对布莱恩·阿瑟来说，正如在第2章里讨论的那样，纽扣与线的直观案例告诉我们，计算机和软件行业非常独特，很难从根本上得到监管。阿瑟表示:"高科技行业不是日用品行业。高科技行业的主导者,与其说是在垄断一种产品,不如说是在不断占领越来越多的科技网络线程,从而阻止其他竞争者进入新兴市场。要把每一条线程都分开并加以管理是很困难的。而且,在市场形成之前(即市场在被充分定义之前),对它进行监管很可能是行不通的。"[7]

阿瑟说,没有放之四海而皆准的答案。收益递增效应导致围绕着合法性和垄断之争的混乱更严重。在收益递增的经济环境里,不妨考虑一下经营的利与弊。

有利之处:锁定创造了便利的唯一标准。如果一个产品因为它的优越性而锁定市场,就是公平的,惩罚它的成功是愚蠢的。

不利之处:产品锁定可能会阻碍技术进步。为了锁定目标客户,一件产品通常会打折促销(甚至几乎是免费赠送),而且这种已经确立的低价以后往往很难再提高。[8]

阿瑟解释道:"经济已经分裂成交织、重叠却又不同的两个世界。这两个世界的运行遵循着不同的经济规则。一个世界是经济学家阿尔弗雷德·马歇尔描绘的世界,计划、控制和等级制度是其基本特征,关乎物质、程序和进化;另一个世界是收益递增的世界,观察、定位、灵活及扁平化的组织、任务、团队是其基本特征,关乎心理、认知和适应。"[9]换句话说,相比于旧经济，高科技的氛围更能带来意想不到的、突如其来的变化和挑战。

因此，阿瑟指出："对市场的锁定不是永恒的。技术浪潮一波接一波，而像 DOS 操作系统的市场锁定，持续期只能与特定时代的技术浪潮同步。"[10]

阿瑟特别提到，"一个收益递增市场的短期垄断，通常被视为创新和冒险的回报或奖励。有一种诱惑是，将占行业主导地位的公司挑出来，对它们提起反垄断诉讼。这就把管制降格成了类似于在老西部酒馆里的斗殴——不论是非，冒头就打"。[11]

然而，阿瑟说，当如电子消费银行之类的新市场打开时，对那些已经在行业标准、操作系统和相近技术上占据主导地位的公司，在接下来"跑马圈地"的时候，不应当允许它们获得起步优势。所有的竞争者都应当站在同一起跑线上。[12]

米勒对监管问题有自己独到的见解。他认为，虽然政府应该对企业权利的严重滥用保持警惕，但是耗费大量时间和金钱试图解决一个问题并非明智之举。时间本身就是最好的解药。

## 不伤害，不违规

阿瑟在概括他对反垄断问题的分析时，提出了两项关键原则：一是不惩罚成功企业，二是不让任何企业通过特权占得先机。

阿瑟总结陈词道："美国精彩绝伦、信马由缰的创新精神需要自由发挥的空间。我们能够容忍不阻碍创新的政府监管，但我们必须保证'赛马'的公平。"[13]

| 第 7 章 |

## THE MAN WHO BEATS THE S&P

# 旧经济估值

让今夜变得意义非凡的所有人,感谢你们。

——约吉·贝拉

纵观比尔·米勒的整个职业生涯，他始终对经济金融和证券市场保持着高度的敏感性，这为他塑造对旧经济的投资理念奠定了坚实的基础。20世纪90年代中期，即使是在米勒的投资范围拓展到高科技领域时，美盛价值信托基金仍买入了大量医疗保健公司的股票，这些公司曾因市场对克林顿总统医疗保健计划的担忧而遭到抛售。正如第4章指出的，1996年，当拉斯维加斯从成人旅游地转向家庭旅游地，并到处兴建全新的大型酒店时，米勒购买了马戏团赌场酒店的股票。因为新建了许多酒店，内华达州度假酒店的股价开始下跌。尽管此后3年多，马戏团赌场酒店的股价一路从30多美元跌到12美元左右，米勒还是持续加仓。他的持股逐渐增至原来的4倍，超过了500万股，占公司股份的5%以上。同时，米勒还将幻影度假村（Mirage Resorts）和美高梅大酒店（MGM Grand）加入了自己的持股清单。米勒坚持认为："虽然这几只股票表现平平，但是其现金流一直在稳步增长。"[1]

在1996年的年度报告里，米勒提醒美盛价值信托基金的投资者，他将做出一些看起来与市场潮流背道而驰的选择。事情的逻辑是这样的："我们是耐心的长期投资者，试图以低廉的价格投资于经营稳定的企业。这往往会导致我们与市场最热门的风口无缘，我们一般会在媒体或公众有短期担忧的地方投资。"[2]

## 旧经济与新经济的企业

在大多数情况下，米勒能够将标准的生意原则和传统的商业思维应用到旧经济领域。然而，也有一些商业规律从旧经济延伸到新经济，然后再从新经济回归到旧经济。例如，收益递减原则仍然影响着日用品和加工业等旧经济。此外，收益递增原则在知识密集型产业等新经济里占据主导地位。而在某些行业，存在收益递增与收益递减并存的情形。因此，正如第2章讨论的那样，当代经济学分为两部分——收益递增和收益递减，它们交织在一起。这种情况有时会令人困惑，因为新旧经济有着不同的特征、风格、文化和商业模式。这两种不同的情形常常需要不同的企业战略和管理手段，对政府管制的态度也截然不同。[3]

旧经济公司和新经济公司（至少是其中部分公司）的运营方式不尽相同。布莱恩·阿瑟解释说，在旧经济领域，"因为批量加工是重复劳动，它允许不断改进、不断优化"。导致的结果是，出现了一个不断进化、结构严密的世界。[4]

我们会逐渐认识到，高技术经济和低技术经济之间的区别并不明显。有的公司在这两个领域都有业务，惠普就是一个典型的例子。惠普在加利福尼亚州从事智力密集型的产品设计，并在俄勒冈州和科罗拉多州等其他更遥远的地方建厂量产。许多高科技公司都有类似的双重经济结构。公司兼有低科技和高科技,科技含量的高低取决于公司具体的业务部门和工作职责。

餐馆、银行和保险等服务业也是混合型经济。具有特许经营权的优秀公司,虽然在某种程度上会受到收益递减效应的影响,但是很显然,它们的成功主要得益于收益递增效应。例如,麦当劳开的连锁门店越多,或者莫泰6(Motel 6)开的汽车旅馆越多,它们的知名度就越高,吸引的顾客也就越多。由于高科技设备的引入,服务业的收益递增特征愈加显著。阿瑟解释道:"譬如说,当虚拟的互联网零售银行出现时,需求的区域限制将不复存在。随着互联网的蓬勃发展,每个虚拟银行都将获得更大的竞争优势。如果没有监管,零售银行业的竞争将演变成少数大型互联网银行之间的竞争,这将成为一门收益递增的生意。服务业同时属于收益递减和收益递增的世界,但是它们的重心正在向后者转移。"[5]

## 回归传统估值

2000年4月4日,当米勒意识到科技股的估值已达到一个极端的水平时,他把那些投资的原则牢牢地记在了心里。米勒知道市场超买是一个危险信号，正如第 5 章所述，他果断采取了行动。米勒说："我们的市场走到这一阶段，估值将再次发挥作用，因此我们开始降低科技股的权重。"[6]

2000 年仲夏，米勒确信市场重新向传统价值调整的预判已经得到证实。米勒表示："2000 年初，我们认识到，我们持有的科技股的价值已完全反映在它们的股价上了。与此同时，市场大幅低估了银行和其他金融机构的股价。我们开始出售科技股，并将获得的收益投向金融股和其他精选股，因为我们发现，我们对企业内在价值的估计与其股票交易价格之间存在巨大差距。"[7]

投资重心的转移可能会带来一些负面影响，但也会产生更大的安全边际。米勒表示："（传统价值型股票的）回报率可能会低于科技股，但毫无疑问，相对而言，接下来价值型股票的市场表现会更好。"[8]

下面的列表展示了 1999 年、2000 年和 2001 年米勒持仓股票的最佳表现和最差表现。让我们一起来了解一下，米勒的投资组合在这 3 年里是如何变化的。此外，通过逐年比较，我们可以清楚地看到，表现最差的股票往往会在很短的时间内成为表现最好的股票。所选年份的美盛价值信托基金持股完整清单详见附录 A。

### 美盛价值信托基金（截至 1999 年 3 月 31 日）

**年度表现最佳股票：**

| | |
|---|---|
| 美国在线 | +754.9% |
| 诺基亚 | +188.6% |
| 安进 | +146.0% |
| 戴尔 | +141.3% |
| MCI 世界通信 | +105.7% |
| IBM | +70.6% |
| 丹纳赫（Danaher） | +37.6% |
| 克罗格 | +29.6% |
| 通用汽车 | +28.8% |
| 齐昂银行（Zion Bancorporation） | +26.4% |

**年度表现最差股票：**

| | |
|---|---|
| 基金会健康系统（Foundation Health System） | −55.8% |
| 西部数据（Western Digital） | −54.8% |
| 喜达屋（Starwood Hotels & Resorts Worldwide） | −46.5% |
| 康赛科（Conseco） | −45.5% |
| 米高梅（Metro-Goldwyn-Mayer） | −41.3% |
| 玩具反斗城 | −37.4% |
| 希尔顿（Hilton Hotels） | −33.8% |
| 美商存储科技（Storage Technology） | −26.7% |
| 美国城市债券保险（MBIA） | −25.2% |
| 波士顿银行（BankBoston） | −21.4% |

## 美盛价值信托基金（截至 2000 年 3 月 31 日）

**年度表现最佳股票：**

| | |
|---|---|
| 纳克斯泰尔 | +304.8% |
| 诺基亚 | +179.0% |
| 墨西哥电信（存托凭证） | +103.0% |
| 飞利浦电子（Philips Electronics） | +101.2% |
| WPP 集团 | +100.2% |
| 米高梅 | +93.8% |
| 捷威 | +54.6% |
| 美高梅大酒店 | +42.8% |
| 花旗集团 | +39.3% |
| IBM | +33.1% |

**年度表现最差股票：**

| | |
|---|---|
| 美商存储科技 | −42.8% |
| 克罗格 | −41.3% |
| 第一银行 | −37.6% |
| 华盛顿互助银行 | −35.2% |
| 基金会健康系统 | −34.4% |
| 劳埃德 TSB 集团（Lloyds TSB Group） | −30.1% |
| 美国银行（Bank of America） | −25.8% |
| MCI 世界通信 | −23.3% |
| 房地美 | −22.6% |
| 玩具反斗城 | −21.3% |

### 美盛价值信托基金（截至 2001 年 3 月 31 日）

**年度表现最佳股票：**

| | |
|---|---|
| 健康网（Health Net） | +157.6% |
| 华盛顿互助银行 | +106.6% |
| 联合健康集团（UnitedHealth Group） | +98.8% |
| 废物管理 | +80.5% |
| 玩具反斗城 | +69.6% |
| MGIC 投资（MGIC Investment） | +56.8% |
| 克罗格 | +46.8% |
| 房利美 | +41.0% |
| 美信银行（MBNA） | +29.8% |
| 喜达屋 | +29.6% |

**年度表现最差股票：**

| | |
|---|---|
| 亚马逊 | −84.7% |
| 纳克斯泰尔 | −80.6% |
| 捷威 | −68.3% |
| 戴尔 | −52.4% |
| 美国在线－时代华纳 | −40.3% |
| WPP 集团 | −38.9% |
| 通用汽车 | −37.4% |
| 米高梅 | −32.6% |
| 美商存储科技 | −31.7% |
| 墨西哥电信 | −23.1% |

> **美盛价值信托基金前 10 大持股公司**
> **（截至 2001 年 6 月 30 日，按市值大小排序）**
>
> 1. 废物管理
> 2. 美国在线–时代华纳
> 3. 联合健康集团
> 4. 华盛顿互助银行
> 5. MGIC 投资
> 6. 艾伯森（Albertson's）
> 7. 花旗集团
> 8. 伊士曼柯达（Eastman Kodak）
> 9. 第一银行
> 10. 房利美

## 一段痛苦的经历

米勒团队里的技术发烧友、曾担任网站"彩衣傻瓜"（Motley Fool）主管的兰迪·贝弗莫（Randy Befumo）并不喜欢米勒在 20 世纪末向传统深度价值投资的回归，因为米勒的做法与这位 29 岁年轻人的投资理念格格不入。贝弗莫抱怨道："尤纳姆（Unum Provident）、泰康（Tricon）⊖、特百惠

---

⊖ 系百胜餐饮集团的前身，旗下有肯德基、必胜客等著名品牌。——译者注

（Tupperware），这些公司都很糟糕。但谁知道呢？有朝一日，可能它们真的会很好。"（特殊投资信托基金持有尤纳姆，总体回报信托基金持有特百惠。）

尽管和大多数基金经理相比，米勒幸运地躲过了科技股的下跌，但是这番经历并不是没有痛苦。与其他基金一样，美盛价值信托基金也受到了来自科技股下跌的冲击，但米勒有一些优势。其中很关键的一点是，他对逆境很熟悉。"20世纪80年代末的那段时间，我们5年里有4年表现不佳。晨星公司和其他评级机构对美盛价值信托基金给出的排名通常都垫底。当这只基金即将开始大展身手之际，人们却被告知要避开它。"[9]

## 一条熟悉的路径

一些观察人士意识到，当米勒将投资组合的重心从高科技行业转向传统行业时，他遵循的是某种既定模式。MSN财经专栏作家蒂莫西·米德尔顿（Timothy Middleton）评价道："根据美盛基金的表现，你可以将其视为某种时间机器。它持有很多过去人见人厌的股票，但这些股票最终经受住了时间的考验。它还持有一些当下在市场上不受欢迎的股票，但美盛基金此前在投资上的成功鼓舞了人们的信心，让人们相信它能够再次战胜市场。"[10]

事实上，当米勒和厄尼·基恩担任美盛价值信托基金经理时，他们曾合作投资了一些回报绝佳的股票。现在，米勒重新将目光聚焦于此。

## 估值

2000年，一个有趣的现象将米勒的注意力吸引到低估值的金融股上。当时，1年期国债利率降至4.8%，这一数字与3个月期的国债利率大致相当。短期利率低于5%意味着利率下降的幅度相当可观。一旦出现这种情况，银行贷款利率与存款利率之间的利差将会扩大，公众对信贷质量的担忧将会烟消云散，贷款增长将会加速，金融股的价格将会飙升。

对一个因为俄罗斯债务违约而遭受重创的行业来说，这无疑是个好消息。俄罗斯债务违约曾经导致了新兴市场的崩盘，并引发了人们对大型银行将不得不冲销数十亿不良贷款的担忧。20世纪90年代初也曾出现过类似的情况，"一朝被蛇咬，十年怕井绳"，因此受过冲击的投资者表现出谨慎的态度也情有可原。大通曼哈顿（The Chase Manhattan）曾是米勒的重仓股之一，在2000年大通曼哈顿与J.P.摩根（J.P. Morgan）合并成为摩根大通之后，美盛价值信托基金持有合并后公司3.11%的股份。2001年6月前后，美国最大的储蓄机构华盛顿互助银行、第一银行和房利美进入了价值信托基金的前 10 大持股名单里。

一如米勒所料,利率确实迎来了一波下调。2001 年 6 月左右,3 个月期的国库券利率下降至 3%;同年 9 月底,在"9·11"事件后,利率继续下挫至 2.6%。

## 华盛顿互助银行

20 世纪 90 年代末,一些投资者开始对一家总部位于西雅图的金融服务公司——华盛顿互助银行持谨慎态度,这主要是因为它收购了美国西海岸的另一家金融服务公司——阿曼森(H.F. Ahmanson & Co.)。令他们更加担忧的是,利率曲线趋平挤压了这家银行的利润空间。再加上波音公司在华盛顿州裁员 4.8 万人,华盛顿州又是这家银行的大本营,结果就是市场对华盛顿互助银行的股价产生了信心危机。从 1998 年第四季度开始,米勒开始买入这家银行的股票。

米勒说:"现在的问题是,对阿曼森的整合要多久才能尘埃落定,削减开支的措施要多久才能初见成效。对于目光短浅的人来说,处处都是问题。"[11]

正如米勒预料的那样,华盛顿互助银行的短期前景并不明朗。1999～2000 年,华盛顿互助银行的股价下跌了 35.2%,是价值信托基金表现最差的持仓股票之一。

尽管分析师和投资者普遍看空华盛顿互助银行，但是米勒认为，这家银行未来几年的年复合增长率有望达到 12%。并且该行拥有一支专业有素、积极进取的管理层团队，当时的市盈率仅仅为 11。这笔交易看起来简直令人兴奋，不容错过。它达到了米勒对传统价值型股票的购买标准。事实上，到 2001 年 4 月发布年报的时候，华盛顿互助银行已变得炙手可热。这家银行在美国西部各州颇有建树，业务蒸蒸日上。华盛顿互助银行成为美盛价值信托基金表现最好的股票之一，涨幅高达 106.2%。2001 年，其股价继续保持良好势头，创下每股 22.58 美元 52 周低点和每股 42.99 美元 52 周高点的纪录。

## 废物管理公司

废物管理公司是米勒通过利空消息挑选出的另一只股票，给他带来了很多令人头痛的问题，直到后来出现惊天大逆转。

1999 年，当米勒被问及自己最喜欢的股票时，他没有虚与委蛇，而是开门见山地说："我真正喜欢的投资对象，是那些表现不佳的公司。"[12] 米勒指的是那些完全被市场遗弃、被彻底打入冷宫的公司。"我真的很喜欢废物管理公司。20 世纪 80 年代中期，它是典型的成长股。现在它的股价约为 16 美元，是明年收益的 11 倍左右。"

然而，在这笔投资上，米勒陷入了大多数投资者都难以避免的窘境——买入过早。"对于废物管理公司，我们涉足得太早了。当时，我们看到公司的市盈率较低，自由现金流正在增长，于是在股价 50 美元时就开始买入了。"[13]

显然，以 50 多美元的价格买入废物管理公司是一个错误。公司看起来诱人的现金流只是镜花水月，从未成为现实。在米勒建立起大部分仓位之后不久，这家公司的财务状况就变得一团糟，并成为人尽皆知的事实。此外，公司还面临着与美国废物公司（USA Waste Company）合并后的一系列整合问题、系统问题及管理难题。（1998 年，美国废物公司收购了废物管理公司，并一直沿用其名称至今。）公司宣布，1999 年第三季度收益将低于预期，1999 年第四季度及次年的收益预期也将会下调。投资者出于愤怒和失望纷纷离场，公司股价暴跌。一些怒不可遏的投资者提起了集体诉讼，指控管理层寄希望于股价下跌，并通过内幕交易、攫取股票期权和离职金等不当方式获利。他们最终赢得了诉讼，获得了总计 2460 万美元的赔偿，其中大部分来自管理层的口袋，而不是公司的金库。

在整个公司处于一片混乱之际，米勒继续看好工业基础经济和废物管理公司的长期前景。

就公司的基本面而言，堆填区是其最宝贵的资产。在这个没有外来竞争对手且关系国计民生的行业里，废物管理公司占据了 28% 的市场份额。这个行业没有任何汇率风险，也没有任何技术风险。

就行业的经济特征而言，供给有限，而需求持续增长。垃圾处理是一个寡头垄断的行业，虽然不完全是巴菲特追求的那种"收费站"或特许经营权，但是也足以称得上是一个有吸引力的行业。全行业只有两家头部公司——废物管理公司和联合废物公司（Allied Waste），后者由布朗宁·费里斯公司（Browning Ferris）和联合公司（Allied）合并而来。

米勒的同事、基金经理梅森·霍金斯基于和米勒类似的考虑，对废物管理公司同样青睐有加。尽管公司股价大幅下跌，但是霍金斯表示："我们认为，这种下跌并不代表公司内在价值的毁损。"[14] 霍金斯指出，废物管理公司几乎在所有的有效区域市场内都牢牢占据着市场主导地位。这家公司拥有业内最好的垃圾填埋场和垃圾集运站等核心资产，这在今天几乎是不可能复制的。霍金斯认为废物管理公司的财务问题是可以解决的，而且他和米勒一样，都认为公司未来会有强劲的净现金收入和出色的自由现金流表现。在废物管理公司宣布让人大跌眼镜的财务数据之前，霍金斯将长叶合伙人基金约 5% 的资金投入其中。霍金斯认为废物管理公司仍有巨大的发展潜力，于是在其股价下跌时增持至 14.6%。

米勒同意霍金斯的看法。即使在废物管理公司惨遭市场抛弃、股价大幅下跌之际，米勒仍然在持续买进。2001年，废物管理公司成了美盛价值信托基金最大的单一持仓股票，占基金资产的6%以上。在公司股价表现不佳的时候，米勒始终坚持持股，因为他认为，如果用收益近似地替代自由现金流，公司将在2000年实现盈利；只要公司对其10亿美元的自由现金流运用得当，这将是一笔绝佳的持仓。

米勒说："只要废物管理公司拿出其自由现金流的40%，用于现金收购小型废物处理公司，就能增加4～5美分的每股税后收入。这样一来，你用每股15美元左右的价格，就能买到这家价值近每股30美元的公司的股票。"[15]

此外，由于废物处理这门生意具有相当大的价格弹性，废物管理公司能够实现自主涨价。米勒认为，废物管理公司有能力维持20%的利润率。2000～2001年，他在不到每股15美元的价位上又买进了数百万股。

1999年11月，美国大黄货运（Yellow Freight）的母公司大黄集团（Yellow Corp.）的前董事长莫里斯·迈尔斯（Maurice Myers）被任命为废物管理公司的新任CEO，这似乎给公司带来了一线希望的曙光。米勒对迈尔斯充满信心。迈尔斯是自1996年5月以来的第六位CEO。当然，至少有一名前CEO——约翰·德鲁里（John Drury）的离职与公司的困境没有直接关系，他因不幸患上脑癌不得不离开工作岗位。

## 错误分析

米勒和他的投资团队犯错通常是因为他们输入模型的数据有误，废物管理公司就是这样一个令人沮丧的例子。1999年初，米勒以每股50多美元的价格买进了这家公司的股票，当时他说："基于我们所有输入模型的数据，我们认为，这只股票的价值是每股60～70美元。结果证明，输入的数据完全是错误的。管理层给出的数据是错误的，所以我们计算增长率及贴现自由现金流的基本路径是错误的，从而得出的现金流数字也是错误的。废物管理公司的历史报告数据甚至也是错误的。"[16]

基于修正后的数据与它呈现的最新经济现实，废物管理公司的股价估值从50美元暴跌至20美元。米勒说："现在你就会明白，当你像我们一样做前瞻性估值工作时，这些数字对输入的变化有多么敏感。"[17]

公司及时改正了错误，股票的表现也随之向好。在2001年3月发布的年报里，废物管理公司以80.5%的回报率名列前茅。2001年，公司股价创造了每股17.13美元52周低点和每股35.85美元52周高点的纪录。2001年底，其股价仅略高于每股30美元，而米勒的平均持仓成本为每股18美元。米勒认为，这只股票具有长期大幅攀升的潜力。他预计，公司2001年的10亿美元现金流在未来10年将带来年均10%或12%甚至 15% 的收益率和现金流增长率。如果米勒的分析是正确的，那么股价应该会随着这些业绩数据的向好不断增长。

美盛基金分析师马克·尼曼说，尽管投资废物管理公司有过惨痛的经历，但它的风险并不高，尤其是在股价低于 20 美元的时候。"市场对丑闻的反应过度了。让我感到惊讶的是，大多数投资者竟然没有在低位进场。"[18]

## 伊士曼柯达

米勒承认，在大多数人的记忆里，伊士曼柯达早就已经惨遭市场淘汰，但是，如果你想要找到一家曾经占据行业主导地位的公司，那就非它莫属。在很大程度上，投资者担心数码相机的销售会影响伊士曼柯达的传统相机和胶卷业务，这种担心可能是杞人忧天。伊士曼柯达在数码技术方面的实力，与它在一次性相机、工业胶片及摄影的许多其他方面一样，都居于行业领先地位。

基于对新科技经济的研究，米勒认为传统的胶卷摄影业务与新兴的数码摄影业务将继续共存，因为两者各有所长。即使有了数码摄影，传统胶卷仍然有面向全球的巨量市场。

米勒说："(伊士曼柯达的)股价太低了。它有着坚实的基础，几乎垄断了整个胶卷市场，而且传统胶卷和相机的销量也在上升。伊士曼柯达的内在价值至少是现在股价的两倍。"[19] 在 2000 年底米勒开始谈及伊士曼柯达时，其股价约为每股 56 美元，市盈率不到 10 倍。它在 1995 年的股价与 2000 年大致相同，然后在 1996 年底股价达到峰值，大约每股 95 美元。极低的股价为投资伊士曼柯达提供了巨大的安全边际。2001 年，伊士曼柯达股价曾高达 63.56 美元，但在"9·11"事件之后，其股价跌至 32.58 美元的低点。即便如此，当年年底伊士曼柯达的股价仍比米勒开始买入时低了约 50%，导致基金当时的浮亏约为 40%。

但米勒仍在继续买入伊士曼柯达。让米勒看好伊士曼柯达的原因是，这家公司有 20% 的营业利润率、10% 的净利润率、30% 的净资产收益率、20% 的投资资本回报率，以及 10 亿美元的自由现金流。这符合典型的价值投资标准。而且，米勒坚信，伊士曼柯达不会破产。他说："伊士曼柯达让我想起了 1993～1994 年的 IBM，当时郭士纳（Louis Gerstner）正执掌着这家企业。事情的逻辑是这样的——你有一家具有行业统治地位的公司，它最赚钱的业务正受到新技术的攻击。只不过，当时是 IBM 的主机业务，现在换成了伊士曼柯达的传统胶卷业务。不过，即使是在数码相机领域，伊士曼柯达也是主要的玩家，实力仅次于索尼（Sony）或奥林巴斯（Olympus），位居行业第二或第三。我们认为，数码相机市场是一个不断增长、前景广阔的领域,当下没有哪家企业从中渔利,包括索尼在内。但是随着这个行业的发展,你最终会收获颇丰。如果它成为一项以服务为中心的业务(现在看起来有很大可能),伊士曼柯达潜在的利润率和额外的自由现金流就会显著增加。"[20]

米勒预计,2001～2006年,伊士曼柯达的自由现金流将占其当前总资产价值的60%左右。他相信伊士曼柯达拥有一支明智、诚实、经验丰富的管理团队,能够合理地分配资金。现在看来,他的乐观可能还为时过早。2001年10月,伊士曼柯达的销售额同比下降了7%,公司计划裁员。

## 玩具反斗城

2000年,米勒开始投资美国最受欢迎的零售商之一——玩具反斗城。由于受到来自互联网和折扣零售商之间激烈竞争的影响,公司股价表现黯淡。彼得·林奇认为玩具反斗城符合典型的价值投资标准。米勒介绍说:"在20世纪80年代沃尔玛和凯马特(K-mart)开始销售大型玩具之前,玩具反斗城一直保持着令人惊叹的高速增长。1992年,玩具反斗城的股价达到了40美元的峰值,随后一路下跌至9美元。2001年,纳斯达克指数下跌了60%,而玩具反斗城的股价从15美元涨到了25美元。你要做的仅仅是耐心持有,直到你看到玩具反斗城的门店越来越多，不断做大做强。"[21]

与米勒收购的许多公司一样，玩具反斗城一开始表现得很糟糕。截至1999年3月31日，玩具反斗城的股票在1年时间里下跌了37.4%。但到了2001年3月31日，它开始大幅反弹，当年实现69.6%的上涨，重归表现最强劲的股票行列。2001年秋季，这只股票创出了每股14.50美元52周低点和每股31美元52周高点的纪录，平均交易价在18美元左右。

## 艾伯森

2000～2001年，最受比尔·米勒青睐的旧经济公司之一是杂货连锁企业艾伯森，这家公司曾被奉为杂货行业黄金标准的缔造者。1999年8月，艾伯森报告营业收入和收益下降，投资者获得了增持艾伯森股票的绝佳机会。当时，艾伯森的股价从52.25美元的52周高点逐渐跌至23美元左右。

1999年，艾伯森公司在与美国商店公司（American Stores）艰难合并后，股价一路下跌。美国商店公司是美国众多的零售商之一，是珍宝（Jewel）、幸运（Lucky）和欧仕可（Osco）等著名零售品牌的运营商。在艾伯森的股价跌至地板价后，米勒确信它在后市会展开反弹。米勒分析说："艾伯森有24年给股东创造正回报的历史。我们认为，它的股价有望达到预期盈利水平的 10 倍。在未来几年内，它将保持 12%～14% 的年化增长率。它的市盈率很低，而且发展平稳。"

虽然艾伯森在美盛价值信托基金的仓位占比不到 5%，但在 2001 年夏天，艾伯森跻身米勒的前 10 大持仓股票之列。盛夏时节，这家总部位于爱达荷州博伊西市（Boise）的公司宣布了一项重组计划：公司将关闭 165 家门店，并削减 15%～20% 的非一线工作岗位。当年，公司股价从约 20 美元的 52 周低点升至 36.99 美元。

## 走自己的路

2001 年 1 月，民众普遍担心美国将陷入衰退。那一年，当大多数股市消息听起来都很悲观的时候，一个奇怪、反常的现象出现了。截至 8 月下旬，纳斯达克指数从 3 月 10 日的高点下跌了 52%，无疑是经历了一场熊市。标准普尔 500 指数在 3 月 24 日达到 1527 点的历史峰值，然后下跌了 14.7%。这不是什么好消息，但是按照惯例，市场通常需要下跌 20% 才会被认为是熊市。与其他股指不同，道琼斯指数仅下跌了 4.5%。虽然无论如何这都不能证明市场前景是多么令人欢欣鼓舞，但是它至少表明市场还"活着"。由于各大指数的表现不一致，许多基金经理纷纷逃往在纽约证券交易所上市的道琼斯指数成分股公司，这些公司是美国传统经济的代表。对于价值投资者，尤其是那些不愿涉足科技股的投资者来说，这可谓鼓舞人心。

当2001年来临之际，路易斯·鲁凯泽（Louis Rukeyser）咨询米勒，在接下来的1年里，他最好的建议是什么。米勒是这样回答的：

> "忽略新闻头条，保持理性乐观，因为美国是世界上最强大、最具创新力的经济体。要想搭乘美国经济的发展快车，投资者真的需要极具耐心、考虑长远。"[22]

米勒做到了"知行合一"。2000～2001年，纳斯达克股票的平均跌幅超过50%，名单上的那些科技股开始重新具有吸引力。一眼望去，这份饱受打击的公司名单像极了科技界的"名人堂"：思科、捷迪讯光电（JDS Uniphase）、摩托罗拉、北电网络，以及米勒的"老朋友"MCI世界通信。难怪米勒开始将科技和电信类股票重新纳入美盛价值信托基金的投资组合。这一次，他最喜欢的股票是泰乐通信（Tellabs）和三级通信（Level 3）。

THE MAN WHO BEATS THE S&P

# 结　语

唯有谢幕，方到终场。

　　　　　　　　——约吉·贝拉

1926～1999年，市场经历了20个下跌的年份。因此，所有投资者都要有心理准备，在某些年份，他们的基金回报率会高于其他年份；在某些年份，经济和投资的结果会彻底令人沮丧。

1980年，比尔·米勒开启了他作为一名基金经理的职业生涯。也是在那年，罗纳德·里根当选美国总统。米勒在管理基金期间，经历了里根初任总统时的经济衰退，以及1982年开始的经济繁荣和股市长牛。他还经历过一系列重大历史事件：1984年的美国电话电报公司反垄断分拆案、1987年10月19日的"黑色星期一"股市崩盘、1988年爆发的储贷危机、1990年的海湾战争、1997～1998年的亚洲金融危机、世纪之交的科技股泡沫与崩盘、2001年9月11日世贸中心和五角大楼遭受的恐怖袭击……"9·11"事件导致股市在1周内下跌超过14%，仅次于大萧条时期16%的周跌幅。

尽管全球经济不景气，金融市场也面临挑战，基金经理也必须继续前进，这一点米勒做到了。虽然在过往的大部分时间里，米勒主要负责的基金——美盛价值信托基金表现得非常出色，但他并不能每年都给基金投资者赚钱。不过，在那些股市投资表现不佳的年份，他的确将损失控制在了最低程度。从1991年起，米勒开始跑赢基准指数——标准普尔500指数，这一势头一直延续到今天。从米勒的办公室眺望窗外，可以看到巴尔的摩金莺队的卡姆登庭院体育场,风景旖旎,一览无余。米勒一路走来,即将成为投资界的卡尔·里普肯(Cal Ripken)。

## 何时进场才是关键

公众最难接受的价值原则是耐心。对习惯于即时满足、新闻媒体强调季度回报的这一代人来说,他们很难接受那种认为在某些市场状况下需要等待或准备进入下一阶段的观点。一些投资者抱怨说,米勒的表现并不像看上去那么好,因为正回报基于在正确的时间买入基金,并一直持有。米勒解释说,即使从长期来看,回报也正如物理学家所说的那样,"对初始条件具有敏感的依赖。它关系到取值的开始。从低到高的回报率是一种视角,而以日历为衡量基础的回报率又是另一种视角"。[1]

## 三振出局

尽管米勒的投资纪录一直不错,但仍有一些长期表现更好的基金经理。他们的长期业绩更好,因为他们的表现在某些年份优于米勒,而在另一些年份落后于标准普尔 500 指数。米勒的业绩更为均衡,也更容易预测,但他自己承认在挑选股票时犯了一些错误。他曾经入手的莱斯利·费伊(Leslie Fay)一路走到了破产的边缘；他还曾对一家名为萨伦特（Salant）的公司满怀信心，以至于跟着这家公司破产了3次，最后才得以脱身。

## 打怪升级

还有批评者坚持认为，米勒根本不是价值投资者。当价值投资之父本杰明·格雷厄姆的门徒须发皆白的时候，相对年轻的比尔·米勒正在让自己的投资哲学适应新经济的现实。米勒与布莱恩·阿瑟、哈尔·瓦里安、卡尔·夏皮罗等当代经济思想家及物理学、生物学和其他自然科学的科学家一起学习研讨，并重新思考了某些陈旧的投资理念。更重要的是，米勒已经接受了一些新观点，如科技行业的大多数早期领导者可能会继续成为大玩家，这与传统的观点截然相反。传统的观点认为，最早进入市场的竞争者虽然是先驱者，但他们容易犯太多错误，很快就会被淘汰，他们的尸体会为后来的竞争者铺平道路。[2] 微软和英特尔的表现已经有力地驳斥了"早期进入者是失败者"的理论，美国在线－时代华纳和亚马逊也将证明这一点。

归根结底，米勒认为科技是经济增长和价值创造的重要驱动力，不容忽视。作为一名基金经理，必须找到一些聪明的方法,来应对科技市场的高深莫测和波谲云诡。

要想成为一名独立思考的投资者,需要有一定的意志力,这是一种罕见的品质。米勒表示:"沃伦·巴菲特抓住了这个问题的本质。他说,在投资领域,人们倾向于认为,因循守旧、循规蹈矩的失败通常比不落俗套、标新立异的成功更好。或者讲一个更具体的案例,最近,一位基金经理被问及为何不考虑投资墨西哥,毕竟在过去的6个月(1995年),许多股票下跌了70%。毫无疑问,这是一个可以逢低买进的机会。这位基金经理回答说,没有人会因为没有投资墨西哥而被炒鱿鱼。"[3]

## 想获得成长吗,关注价值吧

有一种说法,即米勒购买的是成长型股票,而不是价值型股票。对此米勒并没有感到不安。"我认为这是一个合理方法的问题。有的人并不明白我们的所作所为。"[4]

此外,米勒经常说:"我们不认为把世界划分为'价值'或'成长'是思考投资过程的一种明智或有用的方式。成长只是计算价值的一种变量。"[5]

尽管有人并不认同,但米勒有资格被称为价值型基金经理,因为他在股票被严重低估时买进,并长期持有。他使用传统的价值分析方法来确定股票的内在价值，同时又增加了一些其他高度复杂的价值衡量方法。与许多价值投资者一样，他购买的股票如同沉睡的雄狮，但当它们醒来时，往往会迎来快速上涨。

为什么有人认为米勒不是价值投资者？或许是因为他买入了一些尚未实现盈利的公司的股票。传统意义上的价值评估基于可衡量的数据，而不基于对计划项目和未来业绩的预期。

投资者常常错误地认为，价格波动是投资者的敌人。在1949年首次出版的《聪明的投资者》(The Intelligent Investor)一书中，本杰明·格雷厄姆宣称，只要投资者所持股票的盈利能力仍然令人满意，他就应该无视股市的变幻莫测。事实上，明智的投资者会将价格波动转化为自己的优势，在低迷时买进，在上涨时卖出。米勒说："如果投资者任由自己随着市场不合理的下跌而惊慌失措或过度担忧，那么他就是在将自己的优势完完全全地转变为劣势。对于真正的投资者来说，价格波动唯一重要的意义是，它们提供了一个个交易的机会，即在股价大幅下跌时明智地买入，在股价大幅上涨时明智地卖出。"[6]

米勒并没有试图去预测股市涨跌。"多年来，我们已经认识到，预测市场是徒劳的，能够做到理解市场，就已经实属不易了。"[7]

一旦米勒决定买进某只股票，他就会毫不犹豫地抓住赚钱的机会。世纪之交，美国在线对特殊投资信托基金的业绩产生了重大影响。一开始,米勒象征性地买了一点美国在线的股票,但它的股票价值一直在增长,并逐渐在投资组合的总资产里占据了越来越大的比重。截至2000年春,这一持仓比重达到了惊人的22.5%。在1999年选择持有美国在线是非常明智的选择,因为当年美国在线的股价上涨了750%。第二年,当特殊投资信托基金持有的美国在线股票下跌8.9%时,投资者有点紧张。但从长期来看,投资美国在线是稳赢的。

## 审视投资标准

在选择个股时,米勒会先给公司估值,然后寻找那些相对潜在价值或内在价值大幅折价出售的公司。在可行的情况下,米勒会采用传统的估值方法。米勒不完全依赖反映公司过去业绩的数据,而是更倾向于使用能够揭示公司未来业绩的信息。根据不同的场景,他会使用不同的终值、增长率、贴现率和其他变量来构建估值模型。

因为任何资产的价值都等于你在它剩余的生命周期中所能获得的现金流,所以米勒分析股票的重中之重就是,根据股票产生的自由现金流的现值来衡量股票的价值。自由现金流是指管理层可以自由支配的现金,通常可以用来:①回购股票;②偿还债务;③收购其他公司;④支付股息。显然,现金流数字是可以被人为操纵的。但问题的关键在于，一家自由现金流不断增长且可预测的企业，其价值要高于那些只能产生很少自由现金流或没有自由现金流的企业。米勒会试图确定一家企业的长期前景，然后根据未来的收益预期，用预测的增长率进行折现，计算出股票的现值。

米勒提醒说，仅靠数字，尤其是那些来自简单计算的数字，永远不能说明全部问题。2000年春，《纽约时报》宣布价值投资的游戏已经结束了，米勒以略带嘲讽的口吻反驳道："我们不知道新的游戏会是什么。所谓'游戏'，我们指的是一套简明的规则，它将在既定事实发生后，回过头来向你解释，你应该做些什么，才能在那段时间内跑赢市场。"[8]

虽然不能将米勒的投资哲学简化为若干要点，但是我们可以根据他的言行，提炼和总结出一些指导方针。他买下的是一家公司，而不是股票，在选股时应该遵循基本的商业逻辑。米勒的投资原则如下。

## 比尔·米勒的投资原则

- **随着环境的变化，不断调整投资策略，但始终坚持价值导向**

米勒广泛汲取各个领域的知识养分，以培养投资洞见和灵感。务实的工作作风和多学科的思维方式，使他能够不拘泥于特定的度量或分析方法，也不武断地将科技行业等排除在视野之外。

- **对于业绩比较基准标准普尔 500 指数，取其精华，去其糟粕**

    与标准普尔 500 指数一样，米勒坚持高仓位、低换手率的长期投资策略。他让赢家持续奔跑，同时选择性地剔除输家。但是，他采用了一种更复杂的企业选择策略，对估值高度敏感，目的是买入估值过低的公司，卖出估值过高的公司。

- **观察经济和股市，但不做预测**

    如此多的人和组织进行复杂的博弈，都是为了更好地适应与他人的竞争，却导致了大量不可预测的行为，包括繁荣和崩溃（如互联网泡沫和 1987 年股市的单日崩盘）。因果并不能简单地相互关联，所以预测是徒劳无功的。然而，通过观察这些复杂的自适应系统，认识复杂的行为是如何出现的，以及反馈循环是如何放大或减弱效应的，米勒培养了对市场的洞察力。

- **寻找商业模式优越、资本回报率高的公司**

    米勒寻找的是这样的企业：具有可持续竞争优势，具有强大且以股东利益为导向的管理层，具有能够进攻而非只能防守的市场地位。米勒关注的是企业长期的基本面，而不是短期的财务数据。

- **利用心理驱动的思维错误，而不是成为其受害者**

    米勒归纳的常见思维错误包括：过度自信、过度反应、损失厌恶、心理账户、奇思异想、错误模式和群体心理。

- **以相对于企业内在价值大打折扣的价格买入企业**

  米勒使用多种方法（如市盈率、贴现现金流、私人市场价值等）和多种场景来给每家公司估值。他会拿估计的内在价值范围与市场折扣价进行比较，如果市场对一家公司未来现金流的预期（体现在其低估的股价上）大大低于经过仔细评估的内在价值，他就会考虑买入。

- **以最低的平均成本取胜**

  米勒对自己详尽的分析充满信心，他会基于自己的原则买入股票，并在股价下跌时获利。即使过早买入了股票，"分批建仓"的策略也会使他获得高于市场的回报。以废物管理公司为例，在米勒开始买入后，这家公司的股价实际上下跌了75%。然而，截至2001年11月中旬，以买入均价计算，美盛价值信托基金持有的废物管理公司股票获得了18%的回报，而同期标准普尔500指数下跌了9%。

- **构建一个包含15～50家企业的投资组合**

  米勒把投资组合的资金集中于他最好的投资主意上，在优中选优的股票上投资比例更高。大多数专业投资者持仓太过于分散，购买了太多股票（通常是数百只），以至于他们没有时间真正弄懂这些公司。虽然从短期看，他们的投资组合避免了集中投资的高波动性，但是扣除费用后的回报率通常低于市场平均水平。

- **最大化投资组合的预期回报，而不是选股的正确率**

大多数人都试图让他们正确选股的次数最大化，因为在同样数额的资金面前，亏损时的心理痛苦两倍于盈利时的心理愉悦。然而，成功选股的概率远没有人们想象的那么重要，关键是当你正确的时候能赚多少钱。与巴菲特一样，米勒也在高概率事件上押重注。有时，米勒也会对一些公司进行一系列的押注。尽管他做了大量研究，他押对任何单家公司的可能性仍然很低。不过，这些投资的潜在回报是巨大的，通常是初始投资额的 2 ～ 40 倍。

- **卖出的三种情况：①公司股价达到合理估值水平（但估值会随时间而变化）；②找到了更便宜的投资对象；③投资的基本逻辑发生变化**

大多数人过早地卖出了，而米勒在戴尔、美信银行、美国在线、丹纳赫和其他公司上获得了 20 多倍的回报。举个例子，在戴尔的市盈率达到 12（这是其历史上的峰值）时，传统的价值投资者就会卖出。他们没有看到戴尔卓越的商业模式，以及不断上升的资本回报率，而这些正是其股价大幅上涨的原因。还有一些投资者，买入并一直持有，但没有卖出以锁定利润。而当 2000 年初科技股狂欢达到顶峰时，米勒卖掉了他在戴尔和美国在线上的大部分持仓。

## 过于理想的原则

比尔·米勒的投资方法并不适合所有人。它需要专注、勤勉、刻苦、耐心和无比的自信,但会获得相应的回报。对于那些热爱研究、分析、钻研企业发展潜力,以及喜欢不断自我进化、自我突破的人来说,这是一条理想的进阶之路。昨天你已经学习过了?那明天还要温故知新。

在过去10年里,尤其是在新千年的曙光初现之后,投资界已经发生了变化。20世纪90年代末,施乐公司帕洛阿尔托研究中心(Xerox PARC)的约翰·西利·布朗(John Seely Brown)曾说过这样一番话:"在旧经济时代,管理面临的挑战是生产商品。现在,管理面临的挑战是创造价值。"时间来到2001年,这番话显得意味深长。[9]

## 信息时代

不需要多么丰富的想象力就能理解,随着世界历经文化和经济的沧桑巨变,从模拟到数字,从图书馆到互联网,从邮寄信件到电子邮件,生活的所有方面几乎都在改变。最引人注目的现象之一是,信息在世界范围内传播的速度是如此之快,更不用说现在海量的信息都已经唾手可得。我们大多数人都跟不上信息积累或阅读的速度,投资领域也不例外。受科技进步的巨大影响，我们可以居家交易，可以日内交易，也可以对投资组合进行实时跟踪。互联网几乎实时提供了美国证券交易委员会发布的报告及许多其他改革措施。

更复杂的投资世界需要更迅速、更明智的投资决策方法，这似乎是合乎逻辑的。这就是比尔·米勒的多因素证券分析引人注目的原因之一。在这个复杂的年代，人们高度关注知识增长、知识技能和知识产权，米勒这种复杂的、智慧的方法刚好适用。在当今世界，重要的是来自我们大脑的信息。在任何必须做出决策的时候，信息都是至关重要的。当信息过载时，对信息的巧妙管理是必不可少的。遵循米勒风格的危险在于，一些投资者会陷入其中，全身心投入分析过程，很容易"一叶障目，不见泰山"，从而迷失目标。尤其是对那些缺乏分析能力的投资者来说，随着更多的信息流入，决策将变得越来越困难。只要信息评估不成为思考和行动的替代品，米勒的方法就很有借鉴意义。

## "9·11"——改变世界的那一天

20世纪末发生的科技股市场调整，已经让投资者度过了一段难熬的时光。紧接着是2001年9月11日发生的灾难性事件，以及恐怖主义对金融市场造成的影响。米勒认为，股市会在2001年春季触底（股市往往在经济达到周期底点前6个月左右触底),没想到股市在9月下旬再次触底。

米勒认为,2001年第三季度将永远与那天发生的事情联系在一起。他说:"'9·11'事件给消费者带来了心理上的极大震撼,改变了旅游、酒店、国防和安全等行业的估值。估值上的变化来得很快,这些公司的股价迅速地反映了这一事件。"[10]

尽管许多投资者都在寻找流动性更强、期限更短、质量更高的安全资产,但对华尔街核心地带的攻击却导致市场再次触底,并成为始于2000年3月的熊市周期底点。

然而,米勒认为,就像大众在2000年秋天过于乐观一样,他们在2001年秋天又显得过于悲观。一系列的降息、政府经济刺激计划和企业缩减开支都是经济即将复苏的迹象。对于像米勒这样的价值投资者来说,关键问题比以往任何时候都更加突出:哪些公司正在以大打折扣的价格出售?其未来的盈利前景如何?虽然米勒并不指望市场能很快回到20世纪90年代末的辉煌,但是他预测,2002年科技、电信和金融服务类股票及垃圾债券将会大行其道。米勒管理的美盛基金开始增持花旗集团、纳克斯泰尔、伊士曼柯达和废物管理公司的股票。此外,他还在康宁(Corning)和康维(Comverse)上建立了仓位。

米勒按照他自己的建议行事,这一建议出现在第7章的末尾。"忽略新闻头条,保持理性乐观,因为美国是世界上最强大、最具创新力的经济体。要想搭乘美国经济的发展快车,投资者真的需要极具耐心、考虑长远。"[11]

在全书的最后,我们引用约吉·贝拉的话:"即使这个世界曾经完美,但早已时过境迁。"在考虑投资者于21世纪可能面临的潜在变化时,米勒继续保持警惕和开放的心态。在这一点上,米勒想到了另一位他喜欢的哲学家说的话:"正如威廉·詹姆斯所说,故事还在继续,一切尚未成定论。"[12]

| 附录 A |

# THE MAN WHO BEATS THE S&P

# 美盛价值信托基金持仓明细

## 投资组合持仓股票（1982 年）

美国氰胺（American Cyanamid）
美国电话电报（American Telephone & Telegraph）
波尔（Ball）
大陆集团（Continental Group）
CSX 运输（CSX）
第一马里兰银行（First Maryland Bancorp）
格雷斯（W. R. Grace & Company）
家庭国际（Household International）
智威汤逊（JWT Group）
马里兰国民（Maryland National）
诺福克南方（Norfolk Southern）
PPG（PPG Industries）
Stellus 资本投资（Stellus Capital Investment）
宣伟（Sherwin-Williams Company）
联合碳化物（Union Carbide）
西屋电气（Westinghouse Electric）

## 投资组合持仓股票（1996 年）

AMBAC 金融集团（AMBAC Financial Group）

安进（Amgen）

美国银行（Bank of America）

波士顿银行（Bank of Boston）

贝尔斯登（Bear Stearns）

大通曼哈顿（Chase Manhattan）

化学银行（Chemical Banking）

克莱斯勒（Chrysler，后更名为戴姆勒－克莱斯勒（Daimler-Chrysler））

马戏团赌场酒店（Circus Circus，后更名为曼德勒集团（Mandalay Group））

花旗公司（Citicorp，后更名为花旗集团（Citigroup））

科尔泰工业（Coltec Industries）

哥伦比亚/HCA医疗保健（Columbia/HCA Healthcare）

丹纳赫（Danaher）

戴尔（Dell Computer）

数字设备公司（Digital Equipment Corporation）

杜邦（DuPont De Nemours）

联邦住房抵押贷款公司（Federal Home Loan Mortgage Corporation，即房地美（Freddie Mac））

联邦国民抵押贷款协会（Federal National Mortgage Association，即房利美（Fannie Mae））

舰队金融集团（Fleet Financial Group）

通用汽车（General Motors）

哈门那（Humana）

IBM（International Business Machines）

克罗格（Kroger）

劳埃德 TSB 集团（Lloyds TSB Group）

美国城市债券保险（MBIA）

美信银行（MBNA Corporation）

MCI 通信（MCI Communications）

耐克（Nike）

诺基亚（Nokia）

百事可乐（Pepsico）

菲利普·莫里斯（Philip Morris）

飞利浦电子（Philips Electronics）

远见银行（Provident Bankshares）

锐步（Reebok International）

RJR 纳贝斯克（RJR Nabisco，后更名为 R. J. 雷诺兹烟草（R.J. Reynolds Tobacco））

标准联邦银行（Standard Federal Bancorporation）

墨西哥电信（Teléfonos de Mexico）

华特迪士尼（Walt Disney）

华纳-兰伯特(Warner-Lambert)

齐昂银行(Zions Bancorporation)

## 投资组合持仓股票(1999年)

AMBAC 金融集团(AMBAC Financial Group)

美国在线(America Online)

安进(Amgen)

美国银行(Bank of America)

波士顿银行(BankBoston)

第一银行(Bank One)

贝尔斯登(Bear Stearns)

伯克希尔-哈撒韦(Berkshire Hathaway)

大通曼哈顿(Chase Manhattan)

马戏团赌场酒店(Circus Circus)

花旗集团(Citigroup)

康柏(Compaq Computer)

康赛科(Conseco)

丹纳赫(Danaher)

戴尔(Dell)

房利美(Fannie Mae)

第一数据（First Data）

舰队金融集团（Fleet Financial Group）

基金会健康系统（Foundation Health Systems）

房地美（Freddie Mac）

捷威（Gateway）

通用汽车（General Motors）

希尔顿（Hilton Hotels）

IBM（International Business Machines）

飞利浦电子（Philips Electronics）

克罗格（Kroger）

学习公司（The Learning Company）

劳埃德 TSB 集团（Lloyds TSB Group）

美国城市债券保险（MBIA）

米高梅（Metro-Goldwyn Mayer）

MGIC 投资（MGIC Investment）

美信银行（MBNA）

美高梅大酒店（MGM Grand）

幻影度假村（Mirage Resorts）

百事可乐（Pepsico）

菲利普·莫里斯（Philip Morris）

喜达屋（Starwood Hotels & Resorts Worldwide）

美商存储科技（Storage Technology）

玩具反斗城（Toys "R" Us）

联合卫生保健（United Health Care）

华盛顿互助银行（Washington Mutual）

西部数据（Western Digital）

WPP 集团（WPP Group）

齐昂银行（Zions Bancorporation）

## 投资组合持仓股票（2001 年）

艾伯森（Albertson's）

亚马逊（Amazon）

美国在线 – 时代华纳（AOL Time Warner）

美国银行（Bank of America）

第一银行（Bank One）

贝尔斯登（Bear Stearns）

伯克希尔 – 哈撒韦（Berkshire Hathaway）

花旗集团（Citigroup）

康宁（Corning）

丹纳赫（Danaher）

戴尔（Dell Computer）

伊士曼柯达（Eastman Kodak）

房利美（Fannie Mae）

波士顿舰队金融（Fleet Boston Financial）

捷威（Gateway）

通用汽车（General Motors）

健康网（Health Net）

IBM（International Business Machines）

摩根大通（J.P. Morgan Chase & Co）

克罗格（Kroger）

三级通信（Level 3 Communications）

劳埃德 TSB 集团（Lloyds TSB Group）

美信银行（MBNA）

麦克森（McKesson）

米高梅（Metro-Goldwyn-Mayer）

MGIC 投资（MGIC Investment）

美高梅幻影（MGM Mirage）

纳克斯泰尔（Nextel）

喜达屋（Starwood Hotels & Resorts Worldwide）

美商存储科技（Storage Technology）

墨西哥电信（Teléfonos de Mexico）

泰乐通信（Tellabs）

玩具反斗城（Toys "R" Us）

联合健康集团（United Health Group）

华盛顿互助银行（Washington Mutual）

废物管理（Waste Management）

WPP 集团（WPP Group）

| 附录 B |

## THE MAN WHO BEATS THE S&P

# 比尔·米勒和美盛共同基金年表

1899 年——马里兰经纪交易商乔治·麦库宾公司（George Mackubin，美盛集团的前身）在巴尔的摩成立。

1972 年——米勒从华盛顿与李大学毕业，获得欧洲历史和经济学学位。

1981 年——米勒加入美盛集团，担任研究主管厄尼·基恩的助理。

1982 年——4 月 16 日，米勒协助厄尼·基恩成立了美盛价值信托基金，作为展示公司研究能力的一面旗帜。

1985 年——为了防止利益冲突，米勒停止了卖方研究，将全部精力投入到美盛价值信托基金。

——在彼得·林奇指出房利美优越的商业模式后，米勒开始买入，随后研究了它的经济优势。

1987 年——米勒在《纽约时报》上读到一篇关于混沌理论的文章，他开始接触到富有创新精神的圣塔菲研究所。

1990 年——10 月，比尔·米勒成为美盛价值信托基金唯一的基金经理。

1992 年——应花旗公司董事局主席约翰·里德之邀，米勒首次访问圣塔菲研究所。

1996 年——米勒首次买入美国在线。

——随着拉斯维加斯酒店的疯狂扩张，以及博彩公司的股票因为债务负担而被市场回避，米勒开始买入马戏团赌场酒店、幻影度假村和美高梅大酒店的股票。

1998年——晨星公司提名米勒为全国股票基金经理年度人物。

1999年——米勒以每股50美元左右的价格购买了废物管理公司的股票，不久之后，这家公司的股价就发生暴跌，因为有消息称，公司的财务数据有误，预期回报过高。

——米勒在亚马逊上建立了大量仓位，让投资界大吃一惊。

——米勒为美盛价值信托基金的投资组合购入华盛顿互助银行和其他金融服务公司。

——共同基金经理投票选举比尔·米勒为晨星公司10年期投资组合明星基金经理。

——美盛集团推出了米勒的最新产品：机会信托基金。

2000年——在1～2月，米勒开始远离高估值的科技股，转而关注旧经济股票。

——当米勒连续第9年跑赢标准普尔500指数时，他取代彼得·林奇成为这一成绩的纪录保持者。

——南希·丹宁被任命为美盛价值信托基金的助理基金经理。

——大师精选权益基金任命比尔·米勒为新任基金经

理，取代先前的罗伯特·桑伯恩。

2001年——莉萨·拉普阿诺全权掌管了她曾协助米勒管理的美盛特殊投资信托基金。

——1月，市场普遍担心经济衰退。美联储开始降息，但股市仍继续下跌。

——9月11日，恐怖分子劫持客机撞向美国世贸中心双子塔和五角大楼。第四架计划撞击白宫的客机在宾夕法尼亚的一片空地上坠毁。美国股市一直闭市到9月17日，开市后的第一周就暴跌了14%。

| 附录 C |

# THE MAN WHO BEATS THE S&P

# 有 关 网 址

www.capatcolumbia.com（哥伦比亚大学教授迈克尔·莫布森的网站）

www.cbs.marketwatch.com（丰富的共同基金资讯）

www.dividenddiscountmodel.com(有关股息贴现模型的资讯）

www.leggmasonfunds.com（美盛集团官网）

www.nasdaq.com（纳斯达克官网）

www.santafe.edu（圣塔菲研究所官网）

www.stern.nyu.edu/-adamodar/（这是一个简化的贴现现金流模型，对股票估值很有用）

www.ValuePro.net（提供计算贴现现金流的入门软件，这些软件可能不够精细，无法提供终极分析，但可以帮助初学者学习）

| 附录 D |

# THE MAN WHO BEATS THE S&P

# 图　　表

图 1　艾伯森（Albertson's）

图 2　亚马逊（Amazon）

图 3　美国在线－时代华纳（AOL Time Warner）

图 4　第一银行（Bank One）

图 5　花旗集团（Citigroup）

图 6　戴尔（Dell Computer）

图 7　伊士曼柯达（Eastman Kodak）

图 8　房利美（Fannie Mae）

图 9　捷威（Gateway）

图 10　通用汽车（General Motors）

图 11　哈门那（Humana）

图 12　克罗格（Kroger）

图 13　麦克森（McKesson）

图 14　曼德勒度假集团（Mandalay Resort Group）

图 15　美泰（Mattel）

图 16　MCI／MCI 世界通信（MCI Worldcom）

图 17　微软（Microsoft）

图 18　纳克斯泰尔（Nextel）

图 19　诺基亚（Nokia）

图 20　菲利普·莫里斯（Philip Morris）

图 21　R. J. 雷诺兹烟草（R.J. Reynolds Tobacco）

图 22　赛门铁克（Symantec）

图 23　玩具反斗城（Toys "R" Us）

图 24　废物管理公司（Waste Management）

图 25　WPP 集团（WPP Group）

## 图1 艾伯森（NYSE：ABS）

市值：14 819 410 000美元。

营业收入（2001财年）：36 762 000 000美元。

艾伯森在全美36个州经营着大约2500家超市，旗下品牌包括艾伯森、顶点（Acme）和珍宝（Jewel），其中超过半数的超市兼营食品和药品；旗下品牌欧仕可和赛维（Sav-On）拥有超过800家独立药店。2001年2月，艾伯森拥有235 000名员工。

**股价历史走势图**

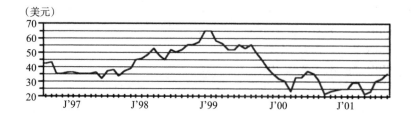

## 关键比率与统计数据

**估值(比率)**

| 市盈率(PE) | 市销率(PS) | 市净率(PB) | 市现率(PCF) |
|---|---|---|---|
| 19.58 | 0.41 | 2.55 | 8.44 |

**每股数据(美元)**

| 盈利 | 销售收入 | 账面价值 | 现金流量 | 现金 | 收益/权益 | 收益/资产 | 收益/投资 |
|---|---|---|---|---|---|---|---|
| 1.87 | 89.57 | 14.35 | 4.33 | 1.12 | 13.42 | 4.87 | 6.29 |

**盈利能力(%,1年期,截至2001年8月)**

| 毛利率 | 营业利润率 | 利润率 |
|---|---|---|
| 28.50 | 4.64 | 2.08 |

**增长率(%)**

| 指标 | 1年 | 3年 | 5年 |
|---|---|---|---|
| 销售收入 | −1.91 | 2.81 | 23.91 |
| 每股收益 | 81.19 | 0.97 | 0.00 |

米勒对艾伯森的评价:

艾伯森有一段长达24年的股东正回报历史。米勒认为,这只股票有望达到10倍的市盈率,并在21世纪初保持12%~14%的增长率。目前公司市盈率较低,增长缓慢但发展稳定。

## 图2 亚马逊（NASDAQ：AMZN）

市值：4 443 610 000 美元。

营业收入（2001 年 1～7 月）：1 367 981 000 美元。

亚马逊是一家在线零售商，提供的商品包括书籍、音乐、玩具、软件、光碟/视频、电子产品、家庭用品、处方药物和电影洗印，等等。亚马逊还持有处方药、葡萄酒、婚庆服务等在线销售商的股份。2000 年底，亚马逊有 9000 名员工。

股价历史走势图

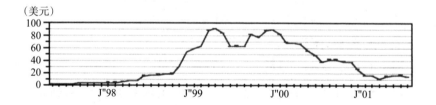

## 关键比率与统计数据

**估值（比率）**

| 市盈率（PE） | 市销率（PS） | 市净率（PB） | 市现率（PCF） |
|---|---|---|---|
| N/A | 1.47 | N/A | N/A |

**每股数据（美元）**

| 盈利 | 销售收入 | 账面价值 | 现金流量 | 现金 | 收益/权益 | 收益/资产 | 收益/投资 |
|---|---|---|---|---|---|---|---|
| -3.31 | 8.35 | -3.95 | -2.31 | 1.68 | N/A | -54.23 | -84.93 |

**盈利能力（%，1年期，截至2001年8月）**

| 毛利率 | 营业利润率 | 利润率 |
|---|---|---|
| 25.31 | -28.27 | -35.20 |

**增长率（%）**

| 指标 | 1年 | 3年 | 5年 |
|---|---|---|---|
| 销售收入 | 68.43 | 165.38 | 457.91 |
| 每股收益 | N/A | N/A | N/A |

米勒对亚马逊的评价：

虽然亚马逊还没有实现盈利，但是米勒在1999年入手时，看到的是一家处于行业领先地位的公司。亚马逊关键的零售机制将赋予它更多的特许经营权。与此同时，亚马逊还在关键细分市场确立了盈利能力。

## 图3 美国在线–时代华纳（NYSE：AOL）

市值：200 611 190 000 美元。

营业收入（2001年1～7月）：18 282 000 000 美元。

美国在线–时代华纳是美国在线和时代华纳的母公司。这家公司的主营业务包括美国在线的有线电视、影视娱乐、网络服务、音乐和出版。美国在线运营着一项在线电子邮件服务，是计算机在线公司的所有者，并为美国在线–时代华纳的用户提供其他类型的在线交互服务。2000年底，美国在线–时代华纳拥有88 500名员工。

股价历史走势图

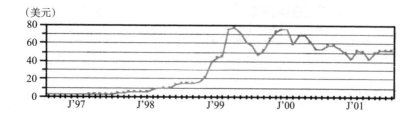

### 关键比率与统计数据

估值（比率）

| 市盈率（PE） | 市销率（PS） | 市净率（PB） | 市现率（PCF） |
|---|---|---|---|
| N/A | 6.10 | 1.29 | 54.92 |

每股数据（美元）

| 盈利 | 销售收入 | 账面价值 | 现金流量 | 现金 | 收益/权益 | 收益/资产 | 收益/投资 |
|---|---|---|---|---|---|---|---|
| -0.03 | 7.41 | 35.12 | 0.82 | 0.31 | -1.43 | -0.85 | -0.91 |

盈利能力（%，1年期，截至2001年8月）

| 毛利率 | 营业利润率 | 利润率 |
|---|---|---|
| 47.27 | 7.49 | -2.97 |

增长率（%）

| 指标 | 1年 | 3年 | 5年 |
|---|---|---|---|
| 销售收入 | 11.87 | 35.24 | 47.75 |
| 每股收益 | -6.30 | N/A | 92.21 |

米勒对美国在线－时代华纳的评价：

1996年，美国在线成为米勒的核心持股，因为美国在线占据了40%的市场份额，这一地位让竞争对手难以望其项背。

## 图4 第一银行（NYSE：ONE）

市值：42 461 030 000 美元。

营业收入（2001年1～7月）：9 306 000 000 美元。

美国第五大银行——第一银行是一家拥有多家银行的控股公司，在美国中西部和东南部的14个州拥有大约1800家分行，主营业务包括国内零售银行、金融和信用卡业务，全球企业和机构银行，以及信托和投资管理服务。截至2000年底，第一银行拥有80 778名员工。

股价历史走势图

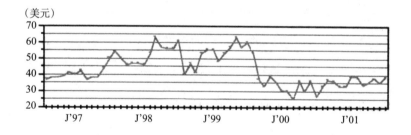

### 关键比率与统计数据

估值（比率）

| 市盈率（PE） | 市销率（PS） | 市净率（PB） | 市现率（PCF） |
|---|---|---|---|
| 29.66 | 2.16 | 2.21 | 20.71 |

每股数据（美元）

| 盈利 | 销售收入 | 账面价值 | 现金流量 | 现金 | 收益/权益 | 收益/资产 | 收益/投资 |
|---|---|---|---|---|---|---|---|
| 1.23 | 16.83 | 16.49 | 1.76 | 15.80 | 7.66 | 0.53 | 2.51 |

盈利能力（%，1年期，截至2001年8月）

| 毛利率 | 营业利润率 | 利润率 |
|---|---|---|
| N/A | 28.04 | 7.40 |

增长率（%）

| 指标 | 1年 | 3年 | 5年 |
|---|---|---|---|
| 销售收入 | 16.10 | 4.60 | 21.48 |
| 每股收益 | N/A | N/A | N/A |

米勒对第一银行的评价：

2000年7月，当米勒买入第一银行的股票时，由于外国银行市场的混乱，这些股票被严重低估了。米勒预计利率会趋于下降，这将大大提振银行收益。

## 图5 花旗集团（NYSE：C）

市值：251 679 930 000 美元。

营业收入（2001年1～7月）：17 173 000 000 美元。

花旗集团向全球个人和企业客户提供一系列金融服务，包括银行、保险和投资服务。花旗集团的子公司包括所罗门美邦（经纪业务）、联合第一资本（消费贷款）和旅行者财产险（保险业务）。截至2000年底，花旗集团拥有233 000名员工。

**股价历史走势图**

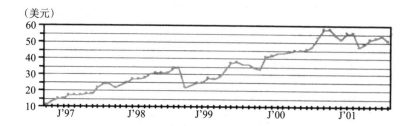

### 关键比率与统计数据

估值（比率）

| 市盈率（PE） | 市销率（PS） | 市净率（PB） | 市现率（PCF） |
|---|---|---|---|
| 18.94 | N/A | 3.77 | 14.53 |

每股数据（美元）

| 盈利 | 销售收入 | 账面价值 | 现金流量 | 现金 | 收益/权益 | 收益/资产 | 收益/投资 |
|---|---|---|---|---|---|---|---|
| 2.64 | N/A | 13.29 | 3.44 | 2.86 | 23.69 | 1.62 | 9.60 |

盈利能力（%，1年期，截至2001年8月）

| 毛利率 | 营业利润率 | 利润率 |
|---|---|---|
| N/A | 35.01 | N/A |

增长率（%）

| 指标 | 1年 | 3年 | 5年 |
|---|---|---|---|
| 销售收入 | 18.10 | 15.54 | 11.83 |
| 每股收益 | 19.54 | 24.03 | 19.07 |

米勒对花旗集团的评价：

1992年，花旗公司的股价极低，但其令米勒欣赏的管理层采取了成本控制策略，他认为这将扭转花旗公司的全球业务。2001年，花旗集团再次出现低估，在"9·11"事件发生后，米勒买入了它的股票。

## 图6 戴尔（NASDAQ：DELL）

市值：71 494 750 000 美元。

营业收入（2001年1～7月）：8 028 000 000 美元。

戴尔为一系列计算机系统提供设计、开发、制造、销售、服务和支持，包括台式机、笔记本和企业系统，以及服务器和工作站。戴尔还销售软件、外设以及提供相关服务和支持。截至2001年2月，戴尔拥有40 000名员工。

股价历史走势图

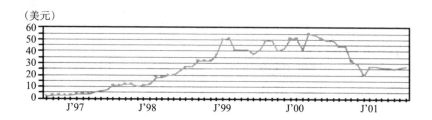

### 关键比率与统计数据

估值（比率）

| 市盈率（PE） | 市销率（PS） | 市净率（PB） | 市现率（PCF） |
|---|---|---|---|
| 34.72 | 2.32 | 12.98 | 31.13 |

每股数据（美元）

| 盈利 | 销售收入 | 账面价值 | 现金流量 | 现金 | 收益/权益 | 收益/资产 | 收益/投资 |
|---|---|---|---|---|---|---|---|
| 0.79 | 11.86 | 2.12 | 0.88 | 2.02 | 37.20 | 16.64 | 30.81 |

盈利能力（%，1年期，截至2001年8月）

| 毛利率 | 营业利润率 | 利润率 |
|---|---|---|
| 19.61 | 8.05 | 6.66 |

增长率（%）

| 指标 | 1年 | 3年 | 5年 |
|---|---|---|---|
| 销售收入 | 26.21 | 37.28 | 43.20 |
| 每股收益 | 33.22 | 36.51 | 58.26 |

米勒对戴尔的评价：

1996年，由于担心个人计算机销售的周期性下滑，戴尔的股票估值很低。米勒认为，个人计算机是一个日用品行业，作为低成本生产商的戴尔将是少数几家占据主导地位的企业之一。

## 图7 伊士曼柯达

市值：13 602 220 000 美元。

营业收入（2001年1～7月）：6 567 000 000 美元。

伊士曼柯达开发、生产和销售用于消费、职业、医疗保健及其他领域的影像产品和服务。柯达是世界上最大的胶卷制造商，同时也为业余和专业摄影师生产数码相机、传统相机以及其他产品。截至2000年底，伊士曼柯达拥有78 400名员工。

**股价历史走势图**

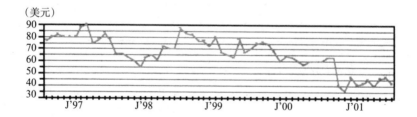

**关键比率与统计数据**

估值（比率）

| 市盈率（PE） | 市销率（PS） | 市净率（PB） | 市现率（PCF） |
|---|---|---|---|
| 17.60 | 1.01 | 4.17 | 8.07 |

每股数据（美元）

| 盈利 | 销售收入 | 账面价值 | 现金流量 | 现金 | 收益/权益 | 收益/资产 | 收益/投资 |
|---|---|---|---|---|---|---|---|
| 2.66 | 46.34 | 11.21 | 5.79 | 1.00 | 22.27 | 5.54 | 9.58 |

盈利能力（%，1年期，截至2001年8月）

| 毛利率 | 营业利润率 | 利润率 |
|---|---|---|
| 38.89 | 10.38 | 5.82 |

增长率（%）

| 指标 | 1年 | 3年 | 5年 |
|---|---|---|---|
| 销售收入 | -0.67 | -1.26 | -1.73 |
| 每股收益 | 5.98 | 573.82 | 4.84 |

米勒对伊士曼柯达的评价：

21世纪到来之际，伊士曼柯达的股价严重下跌，但是公司有着坚实的基本面。柯达几乎垄断了整个胶卷市场，而胶卷和照相机的销量都在上升。米勒认为，伊士曼柯达的价值是他所付价格的两倍。

## 图8 房利美（NYSE：FNM）

市值：79 179 000 000 美元。

营业收入（2001年1～7月）：24 965 000 000 美元。

房利美旧称联邦国民抵押贷款协会，是一家由美国政府托管的上市公司。房利美为美国中低收入人群提供金融产品和服务，以提高他们住房的可获得性和可负担性。截至2000年底，房利美拥有4100名员工。

股价历史走势图

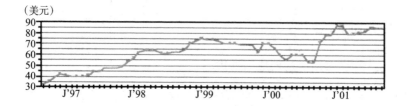

## 关键比率与统计数据

估值（比率）

| 市盈率（PE） | 市销率（PS） | 市净率（PB） | 市现率（PCF） |
|---|---|---|---|
| 16.48 | 1.65 | 4.62 | 4.92 |

每股数据（美元）

| 盈利 | 销售收入 | 账面价值 | 现金流量 | 现金 | 收益/权益 | 收益/资产 | 收益/投资 |
|---|---|---|---|---|---|---|---|
| 4.80 | 47.83 | 17.11 | 16.09 | 59.02 | 28.70 | 0.74 | 1.33 |

盈利能力（%，1年期，截至2001年8月）

| 毛利率 | 营业利润率 | 利润率 |
|---|---|---|
| N/A | 13.94 | 10.32 |

增长率（%）

| 指标 | 1年 | 3年 | 5年 |
|---|---|---|---|
| 销售收入 | 19.26 | 16.65 | 14.66 |
| 每股收益 | 15.27 | 14.83 | 17.12 |

米勒对房利美的评价：

这家公司一直深受价值投资者的青睐。利用金融类股普遍下跌的机会，米勒曾多次以优惠的价格买入房利美的股票，基金的收益已超过初始投资额的50倍。

## 图9 捷威（NYSE：GTW）

市值：3 295 770 000 美元。

营业收入（2001年1～7月）：3 534 385 000 美元。

捷威为个人、企业、政府和教育机构提供台式机、笔记本以及与个人计算机相关的产品，并为此提供开发、营销、制造、支持等一揽子服务。捷威还通过自己的捷威家园（Gateway Country）商店销售产品。此外，捷威还销售光盘驱动器（CD-ROM）等第三方周边设备，并提供培训、支持和融资等服务。

### 股价历史走势图

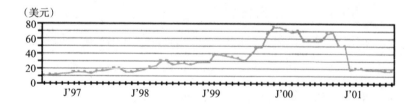

### 关键比率与统计数据

估值（比率）

| 市盈率（PE） | 市销率（PS） | 市净率（PB） | 市现率（PCF） |
|---|---|---|---|
| N/A | 0.39 | 1.78 | N/A |

每股数据（美元）

| 盈利 | 销售收入 | 账面价值 | 现金流量 | 现金 | 收益/权益 | 收益/资产 | 收益/投资 |
|---|---|---|---|---|---|---|---|
| −1.55 | 26.19 | 5.73 | −0.87 | 3.18 | −22.58 | −12.52 | −20.48 |

盈利能力（%，1年期，截至2001年8月）

| 毛利率 | 营业利润率 | 利润率 |
|---|---|---|
| 17.80 | −5.49 | −5.82 |

增长率（%）

| 指标 | 1年 | 3年 | 5年 |
|---|---|---|---|
| 销售收入 | 7.09 | 15.12 | 21.17 |
| 每股收益 | −42.00 | 29.53 | 6.94 |

米勒对捷威的评价：

2001年中，捷威的市盈率只有17，管理层重新聚焦主业。从资产负债表上看，盈利状况似乎将迅速改善。

## 图10 通用汽车（NYSE：GM）

市值：34 506 310 000 美元。

营业收入（2000 年）：42 615 000 000 美元。

通用汽车从事汽车、卡车、制造机车、重型变速箱和相关零部件的设计、制造和销售，并经营着一家金融服务和保险公司。截至 2000 年底，通用汽车拥有 386 000 名员工。

**股价历史走势图**

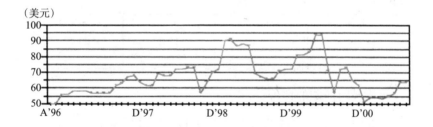

### 关键比率与统计数据

估值（比率）

| 市盈率（PE） | 市销率（PS） | 市净率（PB） | 市现率（PCF） |
|---|---|---|---|
| 34.72 | 2.32 | 12.98 | 31.13 |

每股数据（美元）

| 盈利 | 销售收入 | 账面价值 | 现金流量 | 现金 | 收益/权益 | 收益/资产 | 收益/投资 |
|---|---|---|---|---|---|---|---|
| 0.79 | 11.86 | 2.12 | 0.88 | 2.02 | 37.20 | 16.64 | 30.81 |

盈利能力（%，1年期，截至2001年8月）

| 毛利率 | 营业利润率 | 利润率 |
|---|---|---|
| 19.61 | 8.05 | 6.66 |

增长率（%）

| 指标 | 1年 | 3年 | 5年 |
|---|---|---|---|
| 销售收入 | 26.21 | 37.28 | 43.20 |
| 每股收益 | 33.20 | 36.51 | 58.26 |

米勒对通用汽车的评价：

20世纪90年代初，应监管机构的要求，会计准则发生了变更，通用汽车股票的账面价值从55美元暴跌至5美元。米勒认为，影响了通用汽车股价的这一变化，并没有反映出公司的基本面情况。

## 图11 哈门那（NYSE：HUM）

市值：1 580 630 000 美元。

营业收入（2001年1～7月）：2 445 000 000 美元。

哈门那是一家医疗服务公司，主要通过医疗保健组织（HMOs）和首选医疗服务提供机构（PPOs）为590万会员提供医疗服务。哈门那还提供针对牙齿、团体人寿和残疾的保险。截至2001年底，哈门那拥有15 600名员工。

股价历史走势图

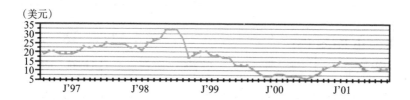

## 关键比率与统计数据

**估值（比率）**

| 市盈率（PE） | 市销率（PS） | 市净率（PB） | 市现率（PCF） |
|---|---|---|---|
| 16.17 | 0.15 | 1.13 | 15.37 |

**每股数据（美元）**

| 盈利 | 销售收入 | 账面价值 | 现金流量 | 现金 | 收益/权益 | 收益/资产 | 收益/投资 |
|---|---|---|---|---|---|---|---|
| 0.58 | 61.85 | 8.26 | 0.61 | 11.65 | 7.18 | 2.29 | 6.48 |

**盈利能力（%，1年期，截至2001年8月）**

| 毛利率 | 营业利润率 | 利润率 |
|---|---|---|
| N/A | 1.52 | 0.93 |

**增长率（%）**

| 指标 | 1年 | 3年 | 5年 |
|---|---|---|---|
| 销售收入 | 3.97 | 9.37 | 17.46 |
| 每股收益 | N/A | −19.75 | −14.12 |

米勒对哈门那的评价：

20世纪90年代初，由于克林顿政府计划进行医疗改革，投资者开始逃离医疗保健公司，即便是那些财务状况良好的公司也不能例外，如哈门那。1997年，米勒清仓了哈门那。

## 图12 克罗格（NYSE：KR）

市值：20 613 530 000 美元。

营业收入（2001年1～7月）：15 102 000 000 美元。

克罗格是一家杂货超市零售商，同时也是超市自供食品的制造商和加工商。公司经营着2354家超市，拥有312 000名员工。

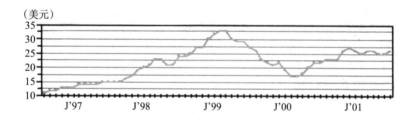

股价历史走势图

### 关键比率与统计数据

估值（比率）

| 市盈率（PE） | 市销率（PS） | 市净率（PB） | 市现率（PCF） |
|---|---|---|---|
| 19.89 | 0.43 | 6.63 | 10.25 |

每股数据（美元）

| 盈利 | 销售收入 | 账面价值 | 现金流量 | 现金 | 收益/权益 | 收益/资产 | 收益/投资 |
|---|---|---|---|---|---|---|---|
| 1.29 | 59.13 | 3.87 | 2.50 | 0.20 | 37.67 | 6.04 | 8.86 |

盈利能力（%，1年期，截至2001年8月）

| 毛利率 | 营业利润率 | 利润率 |
|---|---|---|
| 26.99 | 5.05 | 2.18 |

增长率（%）

| 指标 | 1年 | 3年 | 5年 |
|---|---|---|---|
| 销售收入 | 8.04 | 4.38 | 14.25 |
| 每股收益 | 43.25 | 20.66 | 8.84 |

米勒对克罗格的评价：

20世纪90年代末，由于无法跟上科技股的上涨步伐，旧经济的股票遭受了沉重打击。当科技股开始步履蹒跚时，克罗格是备选的低估优质股之一。2001年，由于激烈的市场竞争，这只股票的股价再次大幅下跌。

## 图13 麦克森（NYSE：MCK）

市值：11 406 720 000 美元。

营业收入（2001 财年）：42 010 000 000 美元。

麦克森是一家医疗供应管理公司。公司还为医疗行业提供软件解决方案、技术创新和综合服务。其他子公司从事卫生保健行业的医疗和外科产品分销。截至 2001 年 3 月，麦克森拥有 23 000 名员工。

股价历史走势图

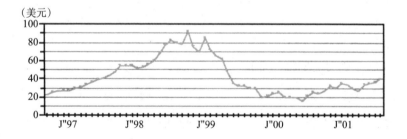

### 关键比率与统计数据

估值（比率）

| 市盈率（PE） | 市销率（PS） | 市净率（PB） | 市现率（PCF） |
|---|---|---|---|
| N/A | 0.27 | 3.15 | 48.78 |

每股数据（美元）

| 盈利 | 销售收入 | 账面价值 | 现金流量 | 现金 | 收益/权益 | 收益/资产 | 收益/投资 |
|---|---|---|---|---|---|---|---|
| 0.03 | 150.76 | 12.69 | 0.82 | 0.84 | −0.03 | 0.05 | 0.10 |

盈利能力（%，1年期，截至2001年8月）

| 毛利率 | 营业利润率 | 利润率 |
|---|---|---|
| 5.74 | 0.30 | 0.01 |

增长率（%）

| 指标 | 1年 | 3年 | 5年 |
|---|---|---|---|
| 销售收入 | 14.51 | 23.87 | 26.51 |
| 每股收益 | N/A | N/A | N/A |

米勒对麦克森的评价：

麦克森是一家好公司，但是不受市场青睐。2000年，当米勒从科技股转向传统价值型股票时，他买入了这只股票。

## 图14 曼德勒度假集团（NYSE：MBG）

市值：1 869 640 000 美元。

营业收入（2001年1～7月）：2 524 224 000 美元。

曼德勒度假集团（前身为马戏团赌场酒店）是一家赌场酒店运营商，在内华达州、密西西比州、伊利诺伊州和密歇根州经营着16家酒店，拥有27 000多间客房和100多万平方英尺的赌场空间。截至2001年底，曼德勒度假集团拥有35 000名员工。

**股价历史走势图**

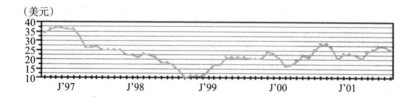

### 关键比率与统计数据

估值（比率）

| 市盈率（PE） | 市销率（PS） | 市净率（PB） | 市现率（PCF） |
|---|---|---|---|
| 16.50 | 0.76 | 1.74 | 5.79 |

每股数据（美元）

| 盈利 | 销售收入 | 账面价值 | 现金流量 | 现金 | 收益/权益 | 收益/资产 | 收益/投资 |
|---|---|---|---|---|---|---|---|
| 1.52 | 32.87 | N/A | 4.33 | 2.25 | 11.14 | 2.76 | 2.96 |

盈利能力（%，1年期，截至2001年8月）

| 毛利率 | 营业利润率 | 利润率 |
|---|---|---|
| 50.63 | 17.14 | 4.62 |

增长率（%）

| 指标 | 1年 | 3年 | 5年 |
|---|---|---|---|
| 销售收入 | 23.08 | 23.06 | 14.20 |
| 每股收益 | 115.19 | 16.74 | 2.87 |

米勒对曼德勒度假集团的评价：

20世纪90年代中期，米勒预计，在大兴土木之后，拉斯维加斯将很快出现转机，于是他过早地买进了这只股票。在股价下跌时，他继续买进。在距第一次买入3年后，其股价上涨了两倍。

## 图15 美泰

市值：7 837 250 000 美元。

营业收入（2001年1～7月）：1 586 248 000 美元。

美泰在全球范围内从事各种家用产品的设计、制造、销售和分销，所售产品包括费雪（Fisher-Price）、泰科（Tyco）、风火轮（Hot Wheels）、芭比娃娃（Barbie）等知名品牌。

**股价历史走势图**

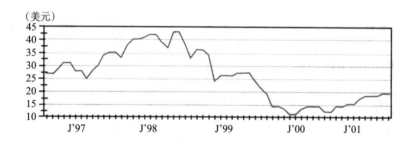

### 关键比率与统计数据

估值（比率）

| 市盈率（PE） | 市销率（PS） | 市净率（PB） | 市现率（PCF） |
|---|---|---|---|
| 39.80 | 1.72 | 5.55 | 17.32 |

每股数据（美元）

| 盈利 | 销售收入 | 账面价值 | 现金流量 | 现金 | 收益/权益 | 收益/资产 | 收益/投资 |
|---|---|---|---|---|---|---|---|
| 0.46 | 10.60 | 3.28 | 1.05 | 0.17 | 13.55 | 4.33 | 7.07 |

盈利能力（%，1年期，截至2001年8月）

| 毛利率 | 营业利润率 | 利润率 |
|---|---|---|
| 44.89 | 5.48 | 4.15 |

增长率（%）

| 指标 | 1年 | 3年 | 5年 |
|---|---|---|---|
| 销售收入 | 1.62 | −5.05 | 1.34 |
| 每股收益 | 61.79 | N/A | −18.53 |

米勒对美泰的评价：

在股价低迷的情况下，美泰提供了一个买入机会。美泰有一系列产品和一个知名品牌，即使出现管理和市场问题也可以生存下来。

## 图 16  MCI / MCI 世界通信⊖（NASDAQ：MCIT）

市值：2 070 980 000 美元。

营业收入（2001 年 1 ~ 7 月）：7 170 000 000 美元。

作为 MCI 世界通信的两只跟踪股之一，MCI 包含了 MCI 世界通信的消费者业务。MCI 为消费者提供广泛的通信服务，包括长途语音、本地语音、无线消息、专线服务和拨号上网。截至 2001 年底，MCI 世界通信拥有 27 100 名员工。

**股价历史走势图**

⊖ 1998 年，世界通信成功收购 MCI，新公司为 MCI 世界通信。

**关键比率与统计数据**

估值（比率）

| 市盈率（PE） | 市销率（PS） | 市净率（PB） | 市现率（PCF） |
|---|---|---|---|
| 3.53 | 0.12 | 0.69 | 1.22 |

每股数据（美元）

| 盈利 | 销售收入 | 账面价值 | 现金流量 | 现金 | 收益/权益 | 收益/资产 | 收益/投资 |
|---|---|---|---|---|---|---|---|
| 4.24 | 128.74 | 21.65 | 12.21 | 0.23 | 20.36 | 3.53 | 5.04 |

盈利能力（%，1年期，截至2001年8月）

| 毛利率 | 营业利润率 | 利润率 |
|---|---|---|
| 51.94 | 8.98 | 3.37 |

增长率（%）

| 指标 | 1年 | 3年 | 5年 |
|---|---|---|---|
| 销售收入 | 1.01 | N/A | N/A |
| 每股收益 | -4.98 | N/A | N/A |

米勒对 MCI 的评价：

米勒发现，在不断变化的电信生态圈里，这家公司是一个有前途的领导者。就其潜力而言，它似乎被低估了。1990年，MCI 成为米勒的核心持仓。1998年，当世界通信收购 MCI 时，米勒仍持有 MCI 的股票，但在2001年初，他抛售了这些股票。（在 MCI 世界通信被拆分成两只跟踪股之前，米勒卖出了相关持仓，包括上文提到的这只股票。）

## 图17 微软（NASDAQ：MSFT）

市值：333 959 430 000 美元。

营业收入（2001 财年）：25 296 000 000 美元。

微软为一系列软件产品提供开发、生产、许可和支持服务，包括操作系统、互联网浏览器、软件开发工具、服务器和劳动生产率应用程序。截至 2000 年 6 月，微软拥有 39 100 名员工。

**股价历史走势图**

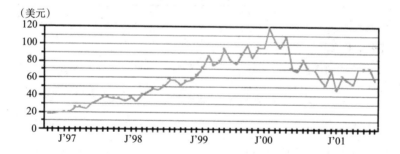

### 关键比率与统计数据

估值（比率）

| 市盈率（PE） | 市销率（PS） | 市净率（PB） | 市现率（PCF） |
|---|---|---|---|
| 44.67 | 13.67 | 7.06 | 44.80 |

每股数据（美元）

| 盈利 | 销售收入 | 账面价值 | 现金流量 | 现金 | 收益/权益 | 收益/资产 | 收益/投资 |
|---|---|---|---|---|---|---|---|
| 1.39 | 4.54 | 8.79 | 1.39 | 5.87 | 16.89 | 13.56 | 16.41 |

盈利能力（%，1年期，截至2001年8月）

| 毛利率 | 营业利润率 | 利润率 |
|---|---|---|
| 86.34 | 46.33 | 30.52 |

增长率（%）

| 指标 | 1年 | 3年 | 5年 |
|---|---|---|---|
| 销售收入 | 10.19 | 18.34 | 22.82 |
| 每股收益 | −18.48 | 18.52 | 26.42 |

米勒对微软的评价：

米勒没有购买这只没有债务的成长股，但他希望自己买了。对于那些不懂收益递增原理的投资者来说，微软的股价总是显得过于昂贵。

## 图18 纳克斯泰尔（NASDAQ：NXTL）

市值：9 730 040 000 美元。

营业收入（2001年1～7月）：3 623 000 000 美元。

纳克斯泰尔利用单点传输技术，向美国各地的客户提供广泛的数字无线通信服务。纳克斯泰尔为企业用户提供无线电话服务、双向无线电调度、寻呼和短信服务，后来还增加了无线互联网接入和国际漫游功能。截至2000年底，纳克斯泰尔拥有19 500名员工。

股价历史走势图

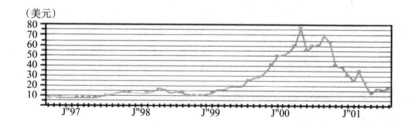

## 关键比率与统计数据

**估值（比率）**

| 市盈率（PE） | 市销率（PS） | 市净率（PB） | 市现率（PCF） |
|---|---|---|---|
| N/A | 1.41 | 12.96 | 11.49 |

**每股数据（美元）**

| 盈利 | 销售收入 | 账面价值 | 现金流量 | 现金 | 收益/权益 | 收益/资产 | 收益/投资 |
|---|---|---|---|---|---|---|---|
| −1.51 | 8.91 | 0.97 | 1.09 | 6.18 | −74.96 | −4.15 | −4.65 |

**盈利能力（%，1年期，截至2001年8月）**

| 毛利率 | 营业利润率 | 利润率 |
|---|---|---|
| 61.87 | −0.16 | −13.71 |

**增长率（%）**

| 指标 | 1年 | 3年 | 5年 |
|---|---|---|---|
| 销售收入 | 50.92 | 97.74 | 101.50 |
| 每股收益 | N/A | N/A | N/A |

米勒对纳克斯泰尔的评价：

这家公司之所以有吸引力，是因为它在业内拥有最高的单位平均收入。与斯普林特公司和美国电话电报公司相比，纳克斯泰尔与众不同。

## 图19 诺基亚(NYSE：NOK)

市值：99 623 890 000美元。

营业收入(2001年1～7月)：13 971 000 000美元。

诺基亚是一家电信系统和设备供应商。这家公司的核心业务包括移动电话和IP网络的开发、制造和交付。

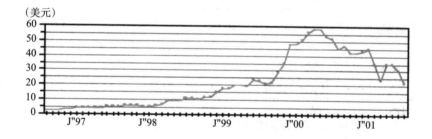

股价历史走势图

### 关键比率与统计数据

估值（比率）

| 市盈率（PE） | 市销率（PS） | 市净率（PB） | 市现率（PCF） |
|---|---|---|---|
| 31.74 | 3.60 | 10.36 | 24.17 |

每股数据（美元）

| 盈利 | 销售收入 | 账面价值 | 现金流量 | 现金 | 收益/权益 | 收益/资产 | 收益/投资 |
|---|---|---|---|---|---|---|---|
| 0.67 | 5.88 | 2.05 | 0.88 | 0.78 | 36.51 | 19.66 | 36.00 |

盈利能力（%，1年期，截至2001年8月）

| 毛利率 | 营业利润率 | 利润率 |
|---|---|---|
| 36.32 | 16.37 | 11.78 |

增长率（%）

| 指标 | 1年 | 3年 | 5年 |
|---|---|---|---|
| 销售收入 | 53.63 | 50.85 | 37.45 |
| 每股收益 | 49.90 | 52.15 | 41.21 |

米勒对诺基亚的评价：

早在1995年，米勒就投资了这家伟大的企业——它重新定义了电话的使用方式。

## 图20 菲利普·莫里斯（NYSE：MO）

市值：94 937 330 000 美元。

营业收入（2001年1～7月）：45 547 000 000 美元。

菲利普·莫里斯是一家控股公司，其主要子公司从事各种消费品的生产和销售，包括香烟、饮料、包装及加工食品。

股价历史走势图

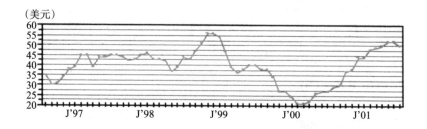

### 关键比率与统计数据

估值（比率）

| 市盈率（PE） | 市销率（PS） | 市净率（PB） | 市现率（PCF） |
|---|---|---|---|
| 11.48 | 1.13 | 4.84 | 10.42 |

每股数据（美元）

| 盈利 | 销售收入 | 账面价值 | 现金流量 | 现金 | 收益/权益 | 收益/资产 | 收益/投资 |
|---|---|---|---|---|---|---|---|
| 3.76 | 38.05 | 8.92 | 4.14 | 0.18 | 52.96 | 11.73 | 17.30 |

盈利能力（%，1年期，截至2001年8月）

| 毛利率 | 营业利润率 | 利润率 |
|---|---|---|
| 43.44 | 17.85 | 9.89 |

增长率（%）

| 指标 | 1年 | 3年 | 5年 |
|---|---|---|---|
| 销售收入 | 2.24 | 3.70 | 3.99 |
| 每股收益 | 17.28 | 13.18 | 11.66 |

米勒对菲利普·莫里斯的评价：

许多价值投资者想买这只股票，但他们又不愿碰烟草股。菲利普·莫里斯的管理层已经减轻了对烟草公司诉讼的压力，但当米勒于20世纪90年代初买入时，这家公司遭遇的法律困境还是反映在股价上了。

### 图21 R.J.雷诺兹烟草（NYSE：RJR）

市值：5 097 770 000 美元。

营业收入（2001年1～7月）：4 219 000 000 美元。

R.J.雷诺兹烟草是美国第二大烟草制造商——雷诺兹烟草的控股公司，其旗下主要品牌包括多勒尔（Doral）、优越（Vantage）、骆驼（Came）、沙龙（Salem）和云丝顿（Winston）。这家公司拥有8100名员工。

**股价历史走势图**

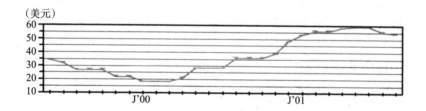

**关键比率与统计数据**

估值（比率）

| 市盈率（PE） | 市销率（PS） | 市净率（PB） | 市现率（PCF） |
|---|---|---|---|
| 13.05 | 0.61 | 0.61 | 5.95 |

每股数据（美元）

| 盈利 | 销售收入 | 账面价值 | 现金流量 | 现金 | 收益/权益 | 收益/资产 | 收益/投资 |
|---|---|---|---|---|---|---|---|
| 3.85 | 82.89 | 83.00 | 8.45 | 24.57 | 5.05 | 2.59 | 3.26 |

盈利能力（%，1年期，截至2001年8月）

| 毛利率 | 营业利润率 | 利润率 |
|---|---|---|
| 59.38 | 10.08 | 4.65 |

增长率（%）

| 指标 | 1年 | 3年 | 5年 |
|---|---|---|---|
| 销售收入 | 7.93 | 17.43 | 14.80 |
| 每股收益 | 92.43 | 170.30 | 13.51 |

米勒对R.J.雷诺兹烟草的评价：

当米勒买入这家公司时，它被称为RJR纳贝斯克（RJR Nabisco）。这家公司的财务状况良好，却遭受着外部环境的打击。1991—1997年，米勒持有了这家公司的股票。

## 图22 赛门铁克(NASDAQ: SYMC)

市值:3 080 570 000 美元。

营业收入(2001 财年):853 000 000 美元。

赛门铁克是全球互联网安全技术的领导者,为个人和企业提供广泛的内容和网络安全解决方案。赛门铁克旗下产品涉及网络安全(诺顿杀毒软件)、桌面效率(诺顿清理软件)和单机应用(诺顿魅影),等等。它还为个人计算机用户提供远程工作软件。截至 2001 年 3 月,赛门铁克拥有 3800 名员工。

**股价历史走势图**

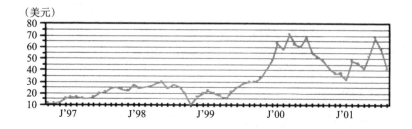

## 关键比率与统计数据

**估值（比率）**

| 市盈率（PE） | 市销率（PS） | 市净率（PB） | 市现率（PCF） |
|---|---|---|---|
| 253.94 | 3.26 | 2.17 | 16.60 |

**每股数据（美元）**

| 盈利 | 销售收入 | 账面价值 | 现金流量 | 现金 | 收益/权益 | 收益/资产 | 收益/投资 |
|---|---|---|---|---|---|---|---|
| 0.17 | 12.85 | 19.33 | 2.52 | 8.48 | 0.37 | 0.29 | 0.37 |

**盈利能力（%，1年期，截至2001年8月）**

| 毛利率 | 营业利润率 | 利润率 |
|---|---|---|
| 84.48 | 4.84 | 0.49 |

**增长率（%）**

| 指标 | 1年 | 3年 | 5年 |
|---|---|---|---|
| 销售收入 | 14.46 | 17.00 | 13.89 |
| 每股收益 | −65.74 | −13.00 | 18.83 |

米勒对赛门铁克的评价：

赛门铁克拥有优秀的管理层，在一个欣欣向荣的行业里占据主导地位。公司的市盈率较低，但营业收入增长迅速，并产生了大量现金流。

## 图23 玩具反斗城（NYSE：TOY）

市值：4 936 430 000 美元。

营业收入（2001年1～7月）：4 082 000 000 美元。

玩具反斗城是一家儿童用品零售商，旗下拥有1201家玩具店、198家儿童服装店、145家婴儿用品店和37家奇幻秀教育专卖店。公司在这些商店提供玩具、游戏、家具、软件、体育用品、电子产品和儿童服装。截至2001年2月，公司拥有69 000名员工。

股价历史走势图

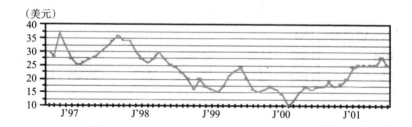

## 关键比率与统计数据

估值（比率）

| 市盈率（PE） | 市销率（PS） | 市净率（PB） | 市现率（PCF） |
|---|---|---|---|
| 37.50 | 0.45 | 1.45 | 11.09 |

每股数据（美元）

| 盈利 | 销售收入 | 账面价值 | 现金流量 | 现金 | 收益/权益 | 收益/资产 | 收益/投资 |
|---|---|---|---|---|---|---|---|
| 0.66 | 55.62 | 17.13 | 2.25 | 1.47 | 4.15 | 1.69 | 2.61 |

盈利能力（%，1年期，截至2001年8月）

| 毛利率 | 营业利润率 | 利润率 |
|---|---|---|
| 31.28 | 3.44 | 1.25 |

增长率（%）

| 指标 | 1年 | 3年 | 5年 |
|---|---|---|---|
| 销售收入 | −4.47 | 0.88 | 3.75 |
| 每股收益 | 65.26 | 3.41 | 28.56 |

米勒对玩具反斗城的评价：

玩具反斗城虽然不被大众熟知，但它仍然有很高的品牌价值。米勒对这家公司进军儿童产品其他领域充满信心，这只股票后来确实成为赢家。

## 图 24 废物管理公司（NYSE：WMI）

市值：18 940 000 000 美元。

营业收入（2001 年 1～7 月）：2 719 000 000 美元。

废物管理公司为商业、工业、市政和居民客户提供综合废物管理服务，包括收集、转移、处置、循环使用和资源回收服务，以及其他危废品处理服务。1998 年，美国废物公司收购了废物管理公司，并沿用了其公司名称。截至 2000 年底，废物管理公司拥有 57 000 名员工。

**股价历史走势图**

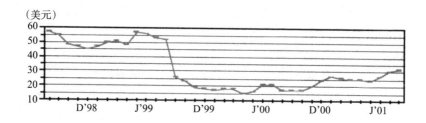

### 关键比率与统计数据

**估值（比率）**

| 市盈率（PE） | 市销率（PS） | 市净率（PB） | 市现率（PCF） |
|---|---|---|---|
| N/A | 1.58 | 3.84 | 13.66 |

**每股数据（美元）**

| 盈利 | 销售收入 | 账面价值 | 现金流量 | 现金 | 收益/权益 | 收益/资产 | 收益/投资 |
|---|---|---|---|---|---|---|---|
| −0.05 | 19.21 | 7.89 | 2.22 | 1.42 | −0.62 | −0.15 | −0.19 |

**盈利能力（％，1年期，截至2001年8月）**

| 毛利率 | 营业利润率 | 利润率 |
|---|---|---|
| 39.74 | 8.81 | −0.24 |

**增长率（％）**

| 指标 | 1年 | 3年 | 5年 |
|---|---|---|---|
| 销售收入 | −4.84 | 1.43 | 59.34 |

米勒对废物管理公司的评价：

20世纪80年代，废物管理公司曾是典型的成长股，但存在行业整合与公司治理等问题。1999年，在爆出财务丑闻后，公司股价大幅下跌。它有着极具诱惑的市盈率和加速增长的自由现金流。

## 图25　WPP 集团

市值：11 158 580 000 美元。

营业收入（2001年1～7月）：4 769 120 000 美元。

WPP 集团是全球第二大广告和媒体服务集团，为客户提供广告宣传、媒体策划、专家通讯、采购与研究、信息与咨询、公关与事务等国内外传播服务。截至2001年底，WPP 集团拥有51 195名员工。

**股价历史走势图**

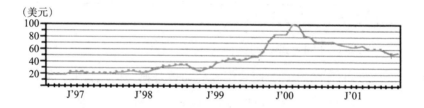

### 关键比率与统计数据

估值（比率）

| 市盈率（PE） | 市销率（PS） | 市净率（PB） | 市现率（PCF） |
|---|---|---|---|
| 25.33 | 2.05 | 2.30 | 18.21 |

每股数据（美元）

| 盈利 | 销售收入 | 账面价值 | 现金流量 | 现金 | 收益/权益 | 收益/资产 | 收益/投资 |
|---|---|---|---|---|---|---|---|
| 1.98 | 24.53 | 21.86 | 2.76 | 6.84 | 17.77 | 4.81 | 10.72 |

盈利能力（%，1年期，截至2001年8月）

| 毛利率 | 营业利润率 | 利润率 |
|---|---|---|
| 91.79 | 13.96 | 8.59 |

增长率（%）

| 指标 | 1年 | 3年 | 5年 |
|---|---|---|---|
| 销售收入 | 37.20 | 19.50 | 13.90 |
| 每股收益 | 31.80 | 2.75 | 32.14 |

米勒对 WPP 集团的评价：

这是一个典型的困境反转型价值投资机会。当转机出现时，它来得很快。

# 注　释

## 引言

1. Diane Banegas, "Mutual Fund Manager Bill Miller Sees Value in Business Network," *Santa Fe Institute Bulletin*, Winter 1998.
2. Karen Damato and Aaron Lucchetti, "Bull Run: Mr. Miller of Legg Mason Will Beat S&P 500 for 9th Year in a Row," *Wall Street Journal*, December 31, 1999.

## 第1章

1. Patrick McGeehan, "A Manager's Fight to Keep a Streak Alive," *New York Times*, January 7, 2001.
2. Tom Abate, "Some Recommended Reading for the Serious High-Tech Player," *San Francisco Chronicle*, October 24, 1998.
3. Mary Rowland, "Is There Still Value in Value Funds," *Money Central Investor*, MSN.com, April 7, 1999.
4. Jeffrey M. Laderman, "Value Investors Learn New Tricks," www.businessweek.com, June 14, 1999.
5. "Shopping for Value," *USAA Financial Spectrum*, Fall, 2001.
6. Michael Santoli, "Best Sometimes Are Brightest," Barron's Online, April 2, 2001.
7. "Legg Mason Opportunity," *Kiplinger's Magazine*, March 2000.
8. Landon Thomas Sr., "Miller's Crossing," *Smart Money*, July 2000,

p. 126.

9. Patrick McGeehan, "A Manager's Fight to Keep a Streak Alive," *New York Times*, January 7, 2001.

10. Ibid.

11. "World of Value in Key Stocks," CNNfn, June 19, 2000, http://cnnfn.cnn.com.

12. Ed McCarthy, "Bill Miller, Portfolio Manager of Legg Mason Value Trust, Has Beaten the S&P 500 Index Eight Years in a Row," Money-live chat, www.money.com, October 6, 1999.

13. Adam Shell, "Funds & Personal Finance," *Investor's Business Daily*, November 26, 1999.

14. Ibid.

15. Ed McCarthy, "Bill Miller, Portfolio Manager of Legg Mason Value Trust, Has Beaten the S&P 500 Index Eight Years in a Row," Money-live chat, www.money.com, October 6, 1999.

16. "To Beat the Market: Hire a Philosopher," *New York Times*, September 3, 1999.

17. Mark Culloton, "What a Contrarian Buys in a Richly Valued Market," Morningstar.com, June 9, 2000.

18. Ibid.

19. "The Pabrai Investment Fund I (PIFI) Announces 62.5 Percent Returns in First Year," *Business Wire*, July 26, 2000.

20. Legg Mason Value Trust Inc., *Fund Update*, March 31, 2001.

21. Tom Lauricella, "Oakmark Select Funds to Stop Accepting New Investors," *Wall Street Journal*, April 25, 2001.

22. Legg Mason Value Trust Inc., *Fund Update*, March 31, 2001.

23. Jeffrey M. Laderman, "Value Investors Learn New Tricks," www.businessweek.com, June 14, 1999.

24. "Legg Mason Opportunity Trust," *Kiplinger's Magazine*, March 2000.

25. Ed McCarthy, "Bill Miller, Portfolio Manager of Legg Mason Value Trust, Has Beaten the S&P 500 Index Eight Years in a Row," Money-live chat, www.money.com, October 6, 1999.
26. Karen Damato and Aaron Lucchetti, "Bull Run: Mr. Miller of Legg Mason Will Beat S&P 500 for 9$^{th}$ Year in a Row," *Wall Street Journal*, December 31, 1999.
27. Ibid.
28. Ibid.
29. Ibid.
30. Author interview with Ernie Kiehne, July 24, 2001, Baltimore, Maryland.
31. William H. Miller III, *Legg Mason Value Trust Annual Report*, March 31, 1993.
32. Ibid.
33. Ibid.
34. Karen Damato and Aaron Lucchetti, "Bull Run: Mr. Miller of Legg Mason Will Beat S&P 500 for 9$^{th}$ Year in a Row," *Wall Street Journal*, December 31, 1999.
35. William H. Miller III, *Legg Mason Value Trust Annual Report*, March 31, 1994.
36. Karen Damato and Aaron Lucchetti, "Bull Run: Mr. Miller of Legg Mason Will Beat S&P 500 for 9$^{th}$ Year in a Row," *Wall Street Journal*, December 31, 1999.
37. Ibid.
38. Ibid.
39. William H. Miller III, *Legg Mason Value Trust Inc., Special Investment Trust Inc., and Total Return Trust Inc. Annual Report*, March 31, 1997.
40. Ibid.
41. Karen Damato and Aaron Lucchetti, "Bull Run: Mr. Miller of Legg Mason Will Beat S&P 500 for 9$^{th}$ Year in a Row," *Wall Street Journal*, December 31, 1999.

42. Ibid.

43. Patrick McGeehan, "A Manager's Fight to Keep a Streak Alive," *New York Times,* January 7, 2001.

44. Ibid.

45. Bill Miller letter, *Legg Mason Value Trust Annual Report,* January 2001.

46. Joe Bousquin, "Legg Mason's Miller to Launch Go-Anywhere Fund," TheStreet.com, October 21, 1999.

47. Landon Thomas Sr., "Miller's Crossing," *Smart Money,* July 2000, p. 126.

48. Karen Damato and Aaron Lucchetti, "Bull Run: Mr. Miller of Legg Mason Will Beat S&P 500 for 9th Year in a Row," *Wall Street Journal,* December 31, 1999.

49. Author interview with Brian Arthur, Santa Fe Institute, Santa Fe, New Mexico, May 10, 2001.

## 第2章

1. Karen Damato and Aaron Lucchetti, "Bull Run: Mr. Miller of Legg Mason Will Beat S&P 500 for 9th Year in a Row," *Wall Street Journal,* December 31, 1999.

2. Ibid.

3. Robert Hagstrom, *Latticework: The New Investing* (New York: Texere, 2000), p 10.

4. Kirk Kazanjian, *Wizards of Wall Street* (New York: New York Institute of Finance, 2000).

5. Robert Hagstrom, *Latticework: The New Investing* (New York: Texere, 2000), p. 134.

6. Robert Hagstrom, *Latticework: The New Investing* (New York: Texere, 2000), p. 134.

7. Karen Damato and Aaron Lucchetti, "Bull Run: Mr. Miller of Legg

Mason Will Beat S&P 500 for 9th Year in a Row," *Wall Street Journal*, December 31, 1999.

8. W. Brian Arthur, "The End of Certainty in Economics," Talk given at the Conference *Einstein Meets Magritte*, Free University of Brussels, July 1994.

9. Ibid.

10. W. Brian Arthur, Steven Durlauf, and David A. Lane, *The Economy as an Evolving Complex System II* (Reading, Mass.: Addison-Wesley, 1997), Introduction.

11. Ibid.

12. Bertrand Ducharme, "Algorithms Inspired by Social Insects," book review, www.amazon.com, February 13, 2000.

13. Eric Bonabeau, "Swarm Intelligence Takes Over," www.futureofsoftware.net, Winter 2000–2001.

14. Ibid.

15. Jesper Hoffmeyer, "The Swarm Body," www.olbio.ku.dk.

16. W. Brian Arthur, *Increasing Returns and Path Dependence in the Economy* (University of Michigan Press, 1994), Preface, p. 2.

17. Ibid.

18. Joel Kurtzman, "An Interview with W. Brian Arthur," http://www.strategybusiness.com/thoughtleaders/98209/page1.html.

19. W. Brian Arthur, "Positive Feedback in the Economy," *Scientific American*, 262, 92–99, Feb. 1990.

20. Joel Kurtzman, "An Interview with W. Brian Arthur," http://www.strategybusiness.com/thoughtleaders/98209/page1.html.

21. W. Brian Arthur, "Positive Feedback in the Economy," *Scientific American*, 262, 92–99, Feb. 1990.

22. W. Brian Arthur, "Positive Feedback in the Economy," *Scientific American*, 262, 92–99, Feb. 1990.

23. Dominic Gates, "The Pretext Interview," www.pretext.com/May98/columns/intview.htm. W. Brian Arthur, "Increasing Returns and the

New World of Business," *Harvard Business Review*, July–August 1996.

24. W. Brian Arthur, "Positive Feedback in the Economy," *Scientific American*, 262, 92–99, Feb. 1990.

25. W. Brian Arthur, "Competing Technologies, Increasing Returns, and Lock-in by Historical Events," First appeared in IIASA Paper WP-83-90, September 1983. Published in *Economic Journal*, 99, 116–131, 1989.

26. Joel Kurtzman, "An Interview with W. Brian Arthur," http://www.strategybusiness.com/thoughtleaders/98902/page1.html.

27. W. Brian Arthur, "Competing Technologies, Increasing Returns, and Lock-in by Historical Events," First appeared in IIASA Paper WP-83-90, September 1983. Published in *Economic Journal*, 99, 116–131, 1989.

28. Dominic Gates, "The Pretext Interview," http://www.pretext.com/May98/columns/interview.htm.

29. Joel Kurtzman, "An Interview with W. Brian Arthur," http://www.strategybusiness.com/thoughtleaders/98209/page1.html.

30. W. Brian Arthur, *Increasing Returns and Path Dependence in the Economy* (Ann Arbor: University of Michigan Press, 1994), Preface, p. 2.

31. Joel Kurtzman, "An Interview with W. Brian Arthur," http://www.strategybusiness.com/thoughtleaders/98209/page1.html.

32. Dominic Gates, "The Pretext Interview," http://www.pretext.com/May98/columns/interview.htm.

33. Hal R. Varian, "The Information Economy," *Scientific American*, 200–201, September 1995.

34. Joel Kurtzman, "An Interview with W. Brian Arthur," http://www.strategybusiness.com/thoughtleaders/98209/page1.html.

35. Ibid.

36. Bill Miller letter, *Legg Mason Value Trust Annual Report*, January 2001.

37. Ibid.
38. Joel Kurtzman, "An Interview with W. Brian Arthur," http://www.strategybusiness.com/thoughtleaders/98209/page1.html.
39. Ibid.
40. Ibid.
41. Ibid.
42. Ibid.
43. Ibid.
44. W. Brian Arthur, "Inductive Reasoning and Bounded Reality (The El Farol Problem)," Paper given at the American Economic Association Annual Meetings, 1994. Published in *American Economic Review* (Papers and Proceedings), 84, 406–411, 1994.
45. Kirk Kazanjian, *Wizard of Wall Street* (New York: New York Institute of Finance, 2000).
46. Robert Hagstrom, *Latticework: The New Investing* (New York: Texere, 2000), p. 64.

## 第3章

1. William H. Miller III, *Legg Mason Value Trust Inc., Special Investment Trust Inc., and Total Return Trust Inc. Annual Report,* March 31, 1997.
2. Mark Niemann, interview with author, December, 2001.
3. Jeffrey M. Laderman, "Value Investors Learn New Tricks," www.businessweek.com, June 14, 1999.
4. Kirk Kazanjian, *Wizards of Wall Street* (New York: New York Institute of Finance, 2000).
5. Adam Shell, "Funds & Personal Finance," *Investor's Business Daily,* November 26, 1999.
6. Richard C. Ten Wolde, "Most Valuable Player," *Barron's Online,* January 11, 1999.

7. Janet Lowe, interview with Bill Miller.
8. Ibid.
9. "Legg Mason Opportunity," *Kiplinger's Magazine*, March, 2000.
10. David Henry, "The Numbers Game," *Business Week*, May 14, 2001, p. 100.
11. "Time to Cut the Accounting Shenanigans," *Business Week*, May 14, 2001, p. 146.
12. John Burr Williams, *The Theory of Investment Value* (Burlington, Vt.: Fraser Books, 1997), Preface.
13. Ibid.
14. Ibid.
15. Ibid.
16. Carol Marie Cropper, "Taking the Measure of a Stock," *Business Week*, May 14, 2001, p. 123.
17. Adam Shell, "Funds & Personal Finance," *Investor's Business Daily*, November 26, 1999.
18. Sandra Ward, "Underpriced Market," *Barron's Online*, April 9, 2001.
19. William H. Miller III, *Legg Mason Value Trust Inc., Special Investment Trust Inc., and Total Return Trust Inc. Annual Report*, March 31, 2000.
20. Ed McCarthy, "Bill Miller, Portfolio Manager of Legg Mason Value Trust, Has Beaten the S&P 500 Index Eight Years in a Row," Money-live chat, www.money.com, October 6, 1999.
21. Ibid.
22. Kirk Kazanjian, *Wizards of Wall Street* (New York: New York Institute of Finance, 2000).
23. Adam Shell, "Funds & Personal Finance," *Investor's Business Daily*, November 26, 1999.
24. William H. Miller III, *Legg Mason Value Trust Inc., Special Investment Trust Inc., and Total Return Trust Inc. Annual Report*, March 31, 1998.

25. Robert G. Hagstrom, *Latticework: The New Investing* (New York: Texere, 2001), p. 137.
26. Kirk Kazanjian, *Wizards of Wall Street* (New York: New York Institute of Finance, 2000).
27. Ibid.
28. Ibid.
29. Ed McCarthy, "Bill Miller, Portfolio Manager of Legg Mason Value Trust, Has Beaten the S&P 500 Index Eight Years in a Row," Money-live chat, www.money.com, October 6, 1999.
30. Ibid.
31. Jeffrey M. Laderman, "Value Investors Learn New Tricks," www.businessweek.com, June 14, 1999.
32. Bill Miller, interview with author, July, 2001.
33. Kirk Kazanjian, *Wizards of Wall Street* (New York: New York Institute of Finance, 2000).
34. William H. Miller III, *Legg Mason Value Trust Inc., Special Investment Trust Inc., and Total Return Trust Inc. Annual Report*, March 31, 2000.
35. Adam Shell, "Funds & Personal Finance," *Investor's Business Daily*, November 26, 1999.
36. William H. Miller III, *Legg Mason Value Trust Annual Report*, March 31, 1995.
37. Ibid.
38. Ibid.
39. Ibid.
40. Adam Shell, "Funds & Personal Finance," *Investor's Business Daily*, November 26, 1999.
41. Karen Damato and Aaron Lucchetti, "Bull Run: Mr. Miller of Legg Mason Will Beat S&P 500 for 9th Year in a Row," *Wall Street Journal*, December 31, 1999.

## 第 4 章

1. William H. Miller III, *Legg Mason Value Trust Annual Report*, March 31, 1990.
2. Ibid.
3. Kirk Kazanjian, *Wizards of Wall Street* (New York: New York Institute of Finance, 2000).
4. William H. Miller, *Legg Mason Value Trust Annual Report*, March 31, 1995.
5. Kirk Kazanjian, *Wizards of Wall Street* (New York: New York Institute of Finance, 2000).
6. Ibid.
7. Patrick McGeehan, "A Manager's Fight to Keep a Streak Alive," *New York Times*, January 7, 2001.
8. Kirk Kazanjian, *Wizards of Wall Street* (New York: New York Institute of Finance, 2000).
9. Ibid.
10. Timothy Middleton, "Don't Let the 'Value' Label Fool You," *MSN Money*, February 2, 1999.
11. Karen Damato and Aaron Lucchelli, "Bull Run: Mr. Miller of Legg Mason Will Beat S&P 500 for 9th Year in a Row," *Wall Street Journal*, December 31, 1999.
12. Ibid.
13. Ibid.
14. Ibid.
15. Ibid.
16. Kirk Kazanjian, *Wizards of Wall Street* (New York: New York Institute of Finance, 2000).
17. Ibid.

18. Ibid.
19. William H. Miller III, *Legg Mason Value Trust Annual Report*, March 31, 1992.
20. Ibid.
21. Ibid.
22. Ibid.
23. Ibid.
24. "Value Preachers Spread the Gospel," *Fundsnet Insight*, Volume 8, Number 5, May 2001, p. 10.
25. Ibid.
26. Kirk Kazanjian, *Wizards of Wall Street* (New York: New York Institute of Finance, 2000).
27. William H. Miller III, *Legg Mason Value Trust Annual Report*, March 31, 1992.
28. Timothy Middleton, "Don't Let the 'Value' Label Fool You," *MSN Money*, February 2, 1999.
29. Kirk Kazanjian, *Wizards of Wall Street* (New York: New York Institute of Finance, 2000).
30. Ibid.

# 第 5 章

1. Patrick McGeehan, "A Manager's Fight to Keep a Streak Alive," *New York Times*, January 7, 2001.
2. Gretchen Morgenson, "Analyze This," New York Times News Service, *San Diego Union-Tribune*, March 20, 2001, p. C1.
3. Mary Rowland, "Is There Still Value in Value Funds," *MoneyCentral Investor*, MSN.com, April 7, 1999.
4. Ibid.

5. Bill Miller letter, *Legg Mason Value Trust Annual Report*, January 2001.
6. Ibid.
7. Bill Miller, interview with author, Baltimore, Maryland July, 2001.
8. To Beat the Market: Hire a Philosopher," *New York Times*, September 3, 1999.
9. W. Brian Arthur, "Increasing Returns and the New World of Business," *Harvard Business Review*, July–August 1996.
10. Ibid.
11. Ibid.
12. Ibid.
13. W. Brian Arthur, "Positive Feedback in the Economy," *Scientific American*, February 1990, pp. 92–99.
14. Lauren Martin, "The Anti-Guru Information Guru," *Sydney Morning Herald*, June 4, 1999.
15. Ibid.
16. Ibid.
17. "Building a Road Map for the Network Economy: A Conversation with Carl Shapiro and Hal R. Varian." www.hbsp.harvard.edu/ideasatwork.
18. Hal R. Varian, "The Information Economy," *Scientific American*, September 1995, pp. 200–201.
19. Hal R. Varian and Carl Shapiro, *Information Rules: A Strategic Guide to the Network Economy* (Cambridge: Harvard Business School Press, 1998).
20. Lauren Martin, "The Anti-Guru Information Guru," *Sydney Morning Herald*, June 4, 1999.
21. Hal R. Varian, "Economics and Search," www.sims.berkeley.edu.
22. Joel Kurtzman, "An Interview with W. Brian Arthur," http://www.strategy-business.com/thoughtleaders/98209/pagel.html.

23. "Legg Mason Opportunity," *Kiplinger's Magazine*, March, 2000.
24. Richard C. Ten Wolde, "Most Valuable Player," *Barron's Online*, January 11, 1999.
25. William H. Miller, *Legg Mason Value Trust Annual Report*, March 31, 1993.
26. Bill Miller, author interview, Baltimore Maryland, July 2001.
27. Ibid.
28. Ibid.
29. Ibid.
30. Ibid.
31. William H. Miller, *Legg Mason Value Trust Annual Report*, March 31, 1993.
32. William H. Miller, *Legg Mason Value Trust Annual Report*, March 31, 1994.
33. Karen Damato and Aaron Lucchetti, "Bull Run: Mr. Miller of Legg Mason Will Beat S&P 500 for 9th Year in a Row," *Wall Street Journal*, December 31, 1999.
34. Letters to the Editor, Robert A. Hauslen, *Barron's*, April 23, 2001.
35. Letters to the Editor, Carl Riley, *Barron's*, April 23, 2001.
36. Adam Shell, "Funds & Personal Finance," *Investor's Business Daily*, November 26, 1999.
37. Ibid.
38. Landon Thomas Sr., "Miller's Crossing," *Smart Money*, July 2000, p. 126.
39. Ed McCarthy, "Bill Miller, Portfolio Manager of Legg Mason Value Trust, Has Beaten the S&P 500 Index Eight Years in a Row," Money-live chat, www.money.com, October 6, 1999.
40. Jeffrey M. Laderman, "Value Investors Learn New Tricks," www.businessweek.com, June 14, 1999.

41. Sandra Ward, "Underpriced Market," *Barron's Online*, April 9, 2001.
42. Ibid.
43. Ibid.
44. Nick Wingfield, "Amazon.com's 'M-Commerce' Effort Fizzles Along with the Wireless Web," *Wall Street Journal*, May 7, 2001, p. B1.
45. "Ashford Probe Seen Tied to Amazon," CBS.MarketWatch.com, August 25, 2001.
46. David Henry, "The Number's Game," *Business Week*, May 14, 2001, p. 102.
47. Ibid.
48. Sandra Ward, "Underpriced Market," *Barron's Online*, April 9, 2001.
49. "World of Value in Key Stocks," CNNfn, June 19, 2000, http://cnnfn.cnn.com.
50. Sandra Ward, "Underpriced Market," *Barron's Online*, April 9, 2001.
51. "Legg Mason Opportunity," *Kiplinger's Magazine*, March 2000.
52. Sandra Ward, "Land of Obscurity," *Barron's Online*, April 30, 2001.
53. Patrick McGeehan, "A Manager's Fight to Keep a Streak Alive," *New York Times*, January 7, 2001.
54. Timothy Middleton, "Don't Let the 'Value' Label Fool You," *MSN Money*, February 2, 1999.
55. Ed McCarthy, "Bill Miller, Portfolio Manager of Legg Mason Value Trust, Has Beaten the S&P 500 Index Eight Years in a Row," Money-live chat, www.money.com, October 6, 1999.
56. "Legg Mason Opportunity," *Kiplinger's Magazine*, March 2000.
57. Ibid.
58. "To Beat the Market: Hire a Philosopher," *New York Times*, September 3, 1999.
59. Ibid.
60. William Green, "It's Bill Miller Time," *Fortune*, December 10, 2001, p. 154.

61. David Henry, "The Number's Game," *Business Week*, May 14, 2001, p. 102.
62. Mary Rowland, "Is There Still Value in Value Funds," *MoneyCentral Investor*, MSN.com, April 7, 1999.
63. "Value Investors Learn New Tricks," www.businessweek.com, June 14, 1999.
64. Landon Thomas Sr., "Miller's Crossing," *SmartMoney*, July 2000, p. 126.
65. Janet Lowe, Interview with Bill Miller.
66. Sandra Ward, "Underpriced Market," *Barron's Online*, April 9, 2001.
67. Ibid.
68. Adam Shell, "Funds & Personal Finance," *Investor's Business Daily*, November 26, 1999.
69. Jeffrey M. Laderman, "Value Investors Learn New Tricks," www.businessweek.com June 14, 1999.
70. Ibid.
71. Landon Thomas Sr., "Miller's Crossing," *SmartMoney*, July 2000, p. 126.
72. Ibid.
73. Ibid.
74. Gretchen Morgenson, "Analyze This," New York Times News Service, *San Diego-Union Tribune*, March 20, 2001, p. C1.
75. "Market Commentary from Portfolio Manager Bill Miller, from Remarks Made April 20, 2000," www.LeggMason.com.
76. Legg Mason Value Trust Inc., *Fund Update*, March 31, 2001.
77. Ibid.
78. Gretchen Morgenson, "Analyze This," New York Times News Service, *San Diego-Union Tribune*, March 20, 2001, p. C1.

79. Kristi E. Swartz, "Is Tech Dead?" *Business Journalist,* August/September 2001.
80. W. Brian Arthur, "Increasing Returns and the New World of Business," *Harvard Business Review,* July–August 1996.
81. Hal R. Varian, "Boolean Trades and Hurricane Bonds," *Wall Street Journal Interactive Edition,* May 8, 2000.

## 第 6 章

1. Paul Krugman, "The Web Gets Ugly," *New York Times Magazine,* December 6, 1998.
2. John Cassidy, "The Force of an Idea," *New Yorker,* January 12, 1998, p. 32.
3. Hal R. Varian, "The Information Economy," *Scientific American,* September 1995, pp. 200–201.
4. Ibid.
5. "Building a Road Map for the Network Economy: A Conversation with Carl Shapiro and Hal R. Varian," www.hbsp.harvard.edu/ideasatwork.
6. Ibid.
7. W. Brian Arthur, "Increasing Returns and the New World of Business," *Harvard Business Review,* July–August 1996.
8. W. Brian Arthur, interview with author, Santa Fe, New Mexico, May, 2001.
9. W. Brian Arthur, "Increasing Returns and the New World of Business," *Harvard Business Review,* July–August 1996.
10. Ibid.
11. Ibid.
12. Ibid.
13. W. Brian Arthur, "Appraising Microsoft and Its Global Strategy," Handout for the Ralph Nader Conference, Washington, D.C., November 13, 1997.

## 第 7 章

1. "To Beat the Market: Hire a Philosopher," *New York Times*, September 3, 1999.
2. William H Miller III, *Legg Mason Value Trust Annual Report*, March 31, 1996.
3. Bill Miller letter, *Legg Mason Value Trust Annual Report*, January, 2001.
4. W. Brian Arthur, "Increasing Returns and the New World of Business," *Harvard Business Review*, July–August 1996.
5. W. Brian Arthur, Steven Durlauf, and David A. Lane, *The Economy as an Evolving Complex System II* (Reading, Mass.: Addison-Wesley, 1997).
6. Patrick McGeehan, "A Manager's Fight to Keep a Streak Alive," *New York Times*, January 7, 2001.
7. Bill Miller letter, *Legg Mason Value Trust Annual Report*, January, 2001.
8. Ibid.
9. Adam Shell, "Funds & Personal Finance," *Investor's Business Daily*, November 26, 1999.
10. Timothy Middleton, "Don't Let the 'Value' Label Fool You," *MSN Money*, February 2, 1999.
11. Richard C. Ten Wolde, "Most Valuable Player," *Barron's Online*, January 11, 1999.
12. Adam Shell, "Funds & Personal Finance," *Investor's Business Daily*, November 26, 1999.
13. Ibid.
14. *Outstanding Investor Digest*, December 31, 1999.
15. Adam Shell, "Funds & Personal Finance," *Investor's Business Daily*, November 26, 1999.
16. Kirk Kazanjian, *Wizards of Wall Street* (New York: New York Institute of Finance, 2000).

17. Ibid.

18. Mark Niemann, interview with author by telephone, December 13, 2001.

19. Sandra Ward, "Underpriced Market," *Barron's Online*, April 9, 2001.

20. Ibid.

21. "Value Preachers Spread the Gospel," *Fundsnet Insight*, Volume 8, Number 5, May 2001, p. 10.

22. Louis Rukeyser, "Bruised But Unbowed," *Louis Rukeyser's Mutual Funds*, January 2001.

## 结语

1. William H. Miller III, *Legg Mason Value Trust Annual Report*, April 20, 1998.

2. Karen Damato and Aaron Lucchetti, "Bull Run: Mr. Miller of Legg Mason Will Beat S&P 500 for 9th Year in a Row," *Wall Street Journal*, December 31, 1999.

3. William H. Miller III, *Legg Mason Trust Annual Report*, March 31, 1995.

4. Adam Shell, "Funds & Personal Finance," *Investor's Business Daily*, November 26, 1999.

5. William H. Miller III, *Legg Mason Value Trust Inc., Special Investment Trust Inc., and Total Return Trust Inc. Annual Report*, March 31, 2000.

6. Benjamin Graham, *The Intelligent Investor*.

7. William H. Miller III, *Legg Mason Value Trust Annual Report*, March 31, 1991.

8. William H. Miller III, *Legg Mason Value Trust Annual Report*, April 14, 2000.

9. Joel Kurtzman, "An Interview with W. Brian Arthur," http://www.strategy-business.com/thoughtleaders/98209/page1.html.

10. Bill Miller, correspondence with author, December 5, 2001.

11. Louis Rukeyser, "Bruised But Unbowed," *Louis Rukeyser's Mutual Funds*, January 2001.

12. "To Beat the Market: Hire a Philosopher," *New York Times*, September 3, 1999.

# 术 语 表

**应付账款（Accounts Payable）**：因购入商品或服务而应支付的款项。分析师会研究应付账款与所购货物之间的关系，以此作为财务管理是否良好的标志。

**应收账款（Accounts Receivable）**：因出售商品或服务应收到的款项。这是分析一家公司流动性的关键因素之一，具体而言，就是在没有额外收入的情况下，公司是否有能力偿还当前债务。

**摊销（Amortization）**：一种会计手段，通过定期的收入变动，逐步降低寿命有限的资产或无形资产的成本价值。这与固定资产的折旧是一样的。对于矿藏等递耗资产，这被称为损耗。

**资产隙（Asset Play）**：一种有吸引力的股票，其当前的价格未能反映公司的资产价值。一个例子可能是连锁汽车旅馆，其房地产的总价值大于总市值。这类股票经常会成为并购目标，因为它们代表着一种获取资产的简便方式。

**资产负债表（Balance Sheet）**：一种财务报告，也被称为"经营情况表"或"财务状况表"。它是一家公司在某个特定日期的资产、负债和所有者权益的快照。为了维护股东利益，除了利润表外，公司还必须在年度报告中披露资产负债表。

**贝塔系数（Beta Coefficient）**：显示公司相对波动性的系数。它是一只股票与市场中其他股票的协方差。

**混合型基金（Blend Fund）**：这些基金的基金经理寻找以折扣价出售的成长股。它们兼有价值风格和成长风格，有时被称为核心基金。

**账面价值（Book Value）**：①一项资产在资产负债表上的价值；②一家公司有价证券的资产净值。

**资本支出（Capital Expenditure）**：与维持企业持续经营相关的成本，通常包括随着旧资产的贬值和过时而进行的厂房和设备的升级更新。

**现金流（Cash Flow）**：对一家企业资金流动情况的计量。这个数字通常在公司财务报表的末尾公布。现金流为正，意味着公司产生了现金，而不是消耗了现金。一家拥有自由现金流的公司，有能力筹集用于扩张、收购、支付股息等的资金。现金流为负的公司为了扩大业务，不得不借入（有成本的）资金。顺便说一下，有盈利能力并不能保证现金流为正。

**可转换证券（Convertible）**：公司股份（通常是优先股或债券）可以以固定价格交换一定数量的其他证券（通常是普通股）。经验丰富的投资者有时会进行可转换证券投资，以实现收益最大化和风险最小化。

**核心基金（Core Fund）**：参见"混合型基金"。

**资本成本（Cost of Capital）**：一家企业在选择了另一项风险相当的投资时可能获得的回报，也称为机会成本。

**债务证券（Debt Security）**：以必须偿还的借入资金为基础的证券，如债券或公司债券。

**负债与股东权益比率（Debt-to-Equity Ratio）**：①负债总额除以股东权益总额。这可以用来衡量在清算时股本能够在多大程度上满足债权人的要求。②长期负债总额除以股东权益总额。这是一种衡量杠杆率的方

术语表 311

法，即有多少借入资本被用来增加投资资本。③长期债务和优先股除以普通股权益。这一数字给出了固定收益证券和收益不可预测的证券之间的关系。

**折旧**（Depreciation）：固定资产（如厂房和设备）的摊销，在资产的整个使用寿命内分摊成本。折旧减少应税收入，但不减少现金。

**贴现现金流**（Discounted Cash Flow，DCF）：预期现金收入的终值。资金折现是为了反映通货膨胀、利息损失等。

**股息贴现模型**（Dividend-Discount Model）：通过使用预测股息并将其折现为现值来为股票估值的过程。如果从股息贴现模型中获得的价值高于股票当前的交易价格，那么股票就可以被视为低估。

**税息折旧及摊销前利润**（EBITDA）：未计利息、税项、折旧及摊销前的利润。

**有效市场理论**（Efficient Market Theory）：一种观点，即认为在目前的信息条件下，一只股票的价格是关于它所有信息的反映。

**非经常性损益**（Extraordinary Item）：必须向投资者解释的非经常性项目，如关闭业务的注销或不良投资、重组成本或商业欺诈。公司通常要报告扣除非经常损益前后的利润。

**自由现金流**（Free Cash Flow）：管理层可自由支配的现金。计算方法为，用税后营业收入加上折旧和摊销，并视情况加上或减去营运资本的变化，然后减去资本支出。

**GAARP**（Growth at A Reasonable Price）：以合理价格增长，这是一种保守的投资哲学。

**一般公认会计原则**（Generally Accepted Accounting Principles，GAAP）：一套经由美国监管部门、上市公司和财务人员长期协商达成一致的会计规则。一般公认会计准则是一种为公允、准确的财务报告制定会计行业标准的尝试,也是美国证券交易委员会所要求的标准。有关另一种会计方法,参见"预测财务报告"。

**成长型基金(Growth Fund)**:基金经理寻找的是收益增速高于平均水平的公司股票。他们认为股价会随着收益增加而上涨。只要收益能够快速增长,他们就很少关注标准的价值衡量因素。

**收益递增(Increasing Return)**:一个产品的价值随着用户人数的增加而增加。电话就是这种产品的一个典型例子。可与"网络外部性"互换使用。

**内在价值(Intrinsic Value)**:一只证券的真正价值取决于公司的业绩,而不在于其股价。通过将数据应用于相关理论或模型来确定公司价值的过程,就是估值。

**锁定(Lock-In)**:在科技领域,消费者使用一项新技术,并在这项新技术里发现他们必需的某些关键元素。因此,他们被锁定在兼容或者强化这项技术的各种产品上。

**毛利率(Margin of Profit)**:毛利润与净销售额之间的关系。从净销售额里减去退货和免税额,再减去产品成本,得到毛利润。毛利润除以净销售额得到毛利率。这一指标被视为衡量公司盈利效率和潜力的标准。

**市值(Market Capitalization)**:公司以发行在外的普通股市场价格为基础的价值,用发行在外的股票数量乘以当前股价来计算。

**现代投资组合理论(Modern Portfolio Theory)**:一种复杂的投资方法,它允许投资者建立和控制风险与收益之间的关系。其内在假设是——风险越高,收益越高。其关注重点从对个股的分析转移到投资组合里不同股票之间的统计关系。对证券持有量进行不断调整,以使风险最小化，收益最大化。

**市净率**（Price-to-Book Ratio）：股价与每股账面价值的比率。这一比率是用股票的每股价格除以其账面价值（或资产负债表上的净值）得出的。它被用来作为股票是否被高估或低估的指标。3或以上被认为是高市净率，但具有这一比率的公司可能是轻资产型的成长型公司，因此账面价值较低。

**市盈率**（Price-to-Earning Ratio）：股价与每股收益的比率。市盈率也被称为"倍数"，分析师通过它可以知道一家公司的盈利能力，比如说一美元的利润可以对应多少市值。20或以上被认为是高市盈率。

**利润表**（Profit and Loss Statement）：显示公司在一段时间内的经营成果。

**预测财务报告**（Pro-Forma Financial Reporting）：传统上，一种能够准确描述一项全新业务的盈利方式。如今，预测财务报告是在一般公认会计原则之外凭空捏造出来的第二套会计数据，它反映的是一家公司希望展示给公众的财务快照。

**相对强度**（Relative Strength）：一种评级系统，对在美国三大交易所（纽约证券交易所、美国证券交易所和纳斯达克）上市的每只股票都给出一个数值等级，显示这只股票在过去12个月内相对于其他所有股票的表现。数值范围从1到99，相对强度越高，说明股票表现越好。例如，一只股票的相对强度为95点，表明其在过去一年的表现优于美国股市95%的上市公司股票。相对强度反映了股票的价格走势。在每个工作日，《投资者商业日报》会刊印每只股票的相对强度。

**净资产收益率**（Return on Equity）：投资资本的回报率，计算公式为公司的普通股权益除以净资产。净资产收益率会告诉投资者，他们投入的资本是否得到了有效配置。

**投入资本回报率**（Return on Invested Capital）：公司盈利与公司资本总额的百分比。投入资本回报率通常被用来比较公司的经营效率，以及商品和服务的盈利能力。

**标准普尔存托凭证**（Standard & Poor's Depository Receipt）：类似于封闭式指数基金，其持有的股票反映了标准普尔500指数。它也是一种交易所交易指数，其交易代码为SPY。欲了解更多信息，请访问纳斯达克官网：www.nasdaq.com。

**标准普尔500指数**（Standard & Poor's 500）：标准普尔500指数是一种非托管的普通股价格指数，包括股息再投资和资本回报分配，通常被认为是美国股市的代表性指数。它是共同基金业绩评估的比较基准。

**群体智能**（Swarm Intelligence）：群体智能是一种系统的特征，在这个系统里，群体的集体行为与周边环境相互作用，导致一致的行为。群体智能的一个例子可能是蚂蚁寻找食物，蚂蚁可以找到从巢穴到食物来源的最快路线；另一个例子可能是白蚁用来筑巢的系统。有证据表明，人类与神经系统相互作用的免疫系统，就是以群体智能理论为基础运行的。股票市场被认为可能是人类群体行为的另一个例子。

**总回报**（Total Return）：用于衡量投资价值的总体变化，包括股价和股息的变化。对于共同基金，其定义是相同的，但是它还包括任何资本回报的分配和假定股息的再投资。年均总回报是平均的年复合回报。如果基金的业绩在整个期间保持不变，就会产生相同的累计总回报。累计总回报表示在特定时期内的总回报。

**估值**（Valuation）：对一项资产（如普通股）进行估价，或者说确定它值多少钱。

**价值型基金**（Value Fund）：价值型基金经理筛选出价格相对于其收益来

说较低的股票。一般而言，这些公司要么业绩落后，要么陷入了其他麻烦。投资者认为其股价已经超跌，而反弹近在咫尺。

**投资价值**（Value of An Investment）：一项投资未来自由现金流的现值。

**版本化**（Versioning）：这是一种策略，可以使公司产品有别于竞争对手，同时保护其价格不会出现暴跌。这一策略通常涉及基于相同的核心信息为不同的终端用户定制差异化版本。

**营运资本**（Working Capital）：一家公司的现金、应收账款、存货及其他流动资产。营运资本为企业的现金周转提供资金。资金周转周期是指企业将原材料转换为成品、销售收入、应收账款以及最后变成现金所需要的时间。拥有充足营运资本的公司，能够经受住变幻莫测的商业周期的变迁。

# 推荐阅读

Thomas Bass, *The Eudaemonic Pie*, iuniverse, 2000.
John Henry Clippinger, *The Biology of Business: Decoding the Natural Laws of Enterprise*, Jossey-Bass Inc., 1999.
Earnshaw Cook, *Percentage Baseball*, Cambridge, MA: MIT Press, 1966.
Benjamin Graham, *The Intelligent Investor*, New York: McGraw-Hill, 1949.
Benjamin Graham and David L. Dodd, *Security Analysis: The Classic 1934 Edition*, New York: McGraw-Hill.
Gary Gray, Patrick J. Cusatis, and J. Randall Woolridge, *Streetsmart Guide to Valuing a Stock*, New York: McGraw-Hill, 1999.
Robert G. Hagstrom, *Latticework: The New Investing*, Texere, 2000.
James Kennedy, et al, *Swarm Intelligence*, Morgan Kaufmann Publishers, 2001.
Ray Kurzweil, *The Age of Spiritual Machines*, New York: Viking Penguin, 1999.
Janet Lowe, *Benjamin Graham on Value Investing: Lessons from the Dean of Wall Street*, New York: Penguin Books, 1994.
Louis Menand, *The Metaphysical Club: A Story of Ideas in America*, Farrar, Straus & Giroux, 2001.
Adam Smith, *The Money Game*, New York: Random House, 1976.
Edward Allen Toppel, *Zen in the Markets*, New York: Warner Books, 1994.
Timothy P. Vick, *Wall Street on Sale: How to Beat the Market as a Value Investor*, New York: McGraw-Hill, March, 2001.
John Burr Williams, *The Theory of Investment Value*, 1938. Reprinted by Fraser Publishing Co., 1997.
Erwin Schrödinger, *Nature and the Greeks*, Cambridge University Press, 1954.
Hal R. Varian and Carl Shapiro, *Information Rules: A Strategic Guide to the Network Economy*, Cambridge, MA: Harvard Business School Press, 1998.

# 推荐阅读

  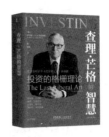

| 序号 | 中文书名 | 定价 |
|---|---|---|
| 1 | 股市趋势技术分析（原书第11版） | 198 |
| 2 | 沃伦·巴菲特：终极金钱心智 | 79 |
| 3 | 超越巴菲特的伯克希尔：股神企业帝国的过去与未来 | 119 |
| 4 | 不为人知的金融怪杰 | 108 |
| 5 | 比尔·米勒投资之道 | 80 |
| 6 | 巴菲特的嘉年华：伯克希尔股东大会的故事 | 79 |
| 7 | 巴菲特之道（原书第3版）（典藏版） | 79 |
| 8 | 短线交易秘诀（典藏版） | 80 |
| 9 | 巴菲特的伯克希尔崛起：从1亿到10亿美金的历程 | 79 |
| 10 | 巴菲特的投资组合（典藏版） | 59 |
| 11 | 短线狙击手：高胜率短线交易秘诀 | 79 |
| 12 | 格雷厄姆成长股投资策略 | 69 |
| 13 | 行为投资原则 | 69 |
| 14 | 趋势跟踪（原书第5版） | 159 |
| 15 | 格雷厄姆精选集：演说、文章及纽约金融学院讲义实录 | 69 |
| 16 | 与天为敌：一部人类风险探索史（典藏版） | 89 |
| 17 | 漫步华尔街（原书第13版） | 99 |
| 18 | 大钱细思：优秀投资者如何思考和决断 | 89 |
| 19 | 投资策略实战分析（原书第4版·典藏版） | 159 |
| 20 | 巴菲特的第一桶金 | 79 |
| 21 | 成长股获利之道 | 89 |
| 22 | 交易心理分析2.0：从交易训练到流程设计 | 99 |
| 23 | 金融交易圣经II：交易心智修炼 | 49 |
| 24 | 经典技术分析（原书第3版）（下） | 89 |
| 25 | 经典技术分析（原书第3版）（上） | 89 |
| 26 | 大熊市启示录：百年金融史中的超级恐慌与机会（原书第4版） | 80 |
| 27 | 敢于梦想：Tiger21创始人写给创业者的40堂必修课 | 79 |
| 28 | 行为金融与投资心理学（原书第7版） | 79 |
| 29 | 蜡烛图方法：从入门到精通（原书第2版） | 60 |
| 30 | 期货狙击手：交易赢家的21周操盘手记 | 80 |
| 31 | 投资交易心理分析（典藏版） | 69 |
| 32 | 有效资产管理（典藏版） | 59 |
| 33 | 客户的游艇在哪里：华尔街奇谈（典藏版） | 39 |
| 34 | 跨市场交易策略（典藏版） | 69 |
| 35 | 对冲基金怪杰（典藏版） | 80 |
| 36 | 专业投机原理（典藏版） | 99 |
| 37 | 价值投资的秘密：小投资者战胜基金经理的长线方法 | 49 |
| 38 | 投资思想史（典藏版） | 99 |
| 39 | 金融交易圣经：发现你的赚钱天才 | 69 |
| 40 | 证券混沌操作法：股票、期货及外汇交易的低风险获利指南（典藏版） | 59 |
| 41 | 通向成功的交易心理学 | 79 |

# 推荐阅读

| 序号 | 中文书名 | 定价 |
|---|---|---|
| 42 | 击败庄家：21点的有利策略 | 59 |
| 43 | 查理·芒格的智慧：投资的格栅理论（原书第2版·纪念版） | 79 |
| 44 | 彼得·林奇的成功投资（典藏版） | 80 |
| 45 | 彼得·林奇教你理财（典藏版） | 79 |
| 46 | 战胜华尔街(典藏版) | 80 |
| 47 | 投资的原则 | 69 |
| 48 | 股票投资的24堂必修课（典藏版） | 45 |
| 49 | 蜡烛图精解：股票和期货交易的永恒技术（典藏版） | 88 |
| 50 | 在股市大崩溃前抛出的人：巴鲁克自传（典藏版） | 69 |
| 51 | 约翰·聂夫的成功投资（典藏版） | 69 |
| 52 | 投资者的未来（典藏版） | 80 |
| 53 | 沃伦·巴菲特如是说 | 59 |
| 54 | 笑傲股市（原书第4版.典藏版） | 99 |
| 55 | 金钱传奇：科斯托拉尼的投资哲学 | 69 |
| 56 | 证券投资课 | 59 |
| 57 | 巴菲特致股东的信：投资者和公司高管教程（原书第4版） | 128 |
| 58 | 金融怪杰：华尔街的顶级交易员（典藏版） | 80 |
| 59 | 日本蜡烛图技术新解（典藏版） | 60 |
| 60 | 市场真相：看不见的手与脱缰的马 | 69 |
| 61 | 积极型资产配置指南：经济周期分析与六阶段投资时钟 | 69 |
| 62 | 麦克米伦谈期权（原书第2版） | 120 |
| 63 | 短线大师：斯坦哈特回忆录 | 79 |
| 64 | 日本蜡烛图交易技术分析 | 129 |
| 65 | 赌神数学家：战胜拉斯维加斯和金融市场的财富公式 | 59 |
| 66 | 华尔街之舞：图解金融市场的周期与趋势 | 69 |
| 67 | 哈利·布朗的永久投资组合：无惧市场波动的不败投资法 | 69 |
| 68 | 憨夺型投资者 | 59 |
| 69 | 高胜算操盘：成功交易员完全教程 | 69 |
| 70 | 以交易为生（原书第2版） | 99 |
| 71 | 证券投资心理学 | 59 |
| 72 | 技术分析与股市盈利预测：技术分析科学之父沙巴克经典教程 | 80 |
| 73 | 机械式交易系统：原理、构建与实战 | 80 |
| 74 | 交易择时技术分析：RSI、波浪理论、斐波纳契预测及复合指标的综合运用（原书第2版） | 59 |
| 75 | 交易圣经 | 89 |
| 76 | 证券投机的艺术 | 59 |
| 77 | 择时与选股 | 45 |
| 78 | 技术分析（原书第5版） | 100 |
| 79 | 缺口技术分析：让缺口变为股票的盈利 | 59 |
| 80 | 预期投资：未来投资机会分析与估值方法 | 79 |
| 81 | 超级强势股：如何投资小盘价值成长股（重译典藏版） | 79 |
| 82 | 实证技术分析 | 75 |
| 83 | 期权投资策略（原书第5版） | 169 |
| 84 | 赢得输家的游戏：精英投资者如何击败市场（原书第6版） | 45 |
| 85 | 走进我的交易室 | 55 |
| 86 | 黄金屋：宏观对冲基金顶尖交易者的掘金之道（增订版） | 69 |
| 87 | 马丁·惠特曼的价值投资方法：回归基本面 | 49 |
| 88 | 期权入门与精通：投机利与风险管理（原书第3版） | 89 |
| 89 | 以交易为生II：卖出的艺术（珍藏版） | 129 |
| 90 | 逆向投资策略 | 59 |
| 91 | 向格雷厄姆学思考，向巴菲特学投资 | 38 |
| 92 | 向最伟大的股票作手学习 | 36 |
| 93 | 超级金钱（珍藏版） | 79 |
| 94 | 股市心理博弈（珍藏版） | 78 |
| 95 | 通向财务自由之路（珍藏版） | 89 |

# 巴芒投资学

| 分类 | 译者 | 书号 | 书名 | 定价 |
|---|---|---|---|---|
| 坎宁安作品 | 王冠亚 | 978-7-111-73935-7 | 超越巴菲特的伯克希尔：股神企业帝国的过去与未来 | 119元 |
| | 杨天南 | 978-7-111-59210-5 | 巴菲特致股东的信：投资者和公司高管教程（原书第4版） | 128元 |
| | 王冠亚 | 978-7-111-67124-4 | 巴菲特的嘉年华：伯克希尔股东大会的故事 | 79元 |
| 哈格斯特朗作品 | 杨天南 | 978-7-111-74053-7 | 沃伦·巴菲特：终极金钱心智 | 79元 |
| | 杨天南 | 978-7-111-66880-0 | 巴菲特之道（原书第3版） | 79元 |
| | 杨天南 | 978-7-111-66445-1 | 巴菲特的投资组合（典藏版） | 59元 |
| | 郑磊 | 978-7-111-74897-7 | 查理·芒格的智慧：投资的格栅理论（原书第2版·纪念版） | 79元 |
| 巴菲特投资案例集 | 杨天南 | 978-7-111-64043-1 | 巴菲特的第一桶金 | 79元 |
| | 杨天南 | 978-7-111-74154-1 | 巴菲特的伯克希尔崛起：从1亿到10亿美金的历程 | 79元 |

## —基金之神彼得·林奇投资三部曲—

美国《时代》杂志评选"全球最佳基金经理"
美国基金评级公司称其为"历史上最传奇的基金经理"
彼得·林奇的书是巴菲特指定送给孙子的礼物

每月走访40~50家公司,一年500~600家公司。
一年行程10万英里,相当于每个工作日400英里。
持有1400种证券,每天卖出100种股票,买进100种股票。
管理的基金13年间从1800万美元增至140亿美元。
彼得·林奇对投资基金的贡献,就像乔丹对篮球的贡献。
他把基金管理提升到一个新的境界,把选股变成了一门艺术。

### 彼得·林奇的成功投资(典藏版)
ISBN: 978-7-111-59073-6  定价: 80.00元

彼得·林奇全面讲解其选股法则与投资策略
每一位认真的投资者都会反复阅读彼得·林奇的经典之作

### 战胜华尔街:彼得·林奇选股实录(典藏版)
ISBN: 978-7-111-59022-4  定价: 80.00元

彼得·林奇的投资自传
写给业余投资者的黄金投资法则

### 彼得·林奇教你理财(典藏版)
ISBN: 978-7-111-60298-9  定价: 59.00元

彼得·林奇封刀之作
写给年轻一代的投资宝典